MICROÉCONOMIE DU TOURISME

La nouvelle collection *Tourisme* est dirigée par Jean Stafford, Marc Laplante et Sylvie Gagnon du Département d'études urbaines et touristiques de l'Université du Québec à Montréal qui publie également la revue *Téoros*.

PRESSES DE L'UNIVERSITÉ DU QUÉBEC
2875, boul. Laurier, Sainte-Foy (Québec) G1V 2M3
Téléphone : (418) 657-4399
Télécopieur : (418) 657-2096
Catalogue sur internet : http://www.uquebec.ca/puq/puq.html

Distribution :

DISTRIBUTION DE LIVRES UNIVERS S.E.N.C.
845, rue Marie-Victorin, Saint-Nicolas (Québec) G0S 3L0
Téléphone : (418) 831-7474 / 1-800-859-7474
Télécopieur : (418) 831-4021

Europe :
ÉDITIONS ESKA
27, rue Dunois, 75013, Paris, France
Téléphone : (1) 45 83 62 02
Télécopieur : (1) 44 24 06 94

MICROÉCONOMIE DU TOURISME

JEAN STAFFORD

Presses de l'Université du Québec

Données de catalogage avant publication (Canada)

Stafford, Jean

    Microéconomie du tourisme

    ISBN 2-7605-0872-2

    1. Tourisme – Aspect économique. 2. Hébergement touristique.
3. Tourisme – Marketing. 4. Tourisme – Aspect économique – Québec (Province).
I. Titre.

G155.A1S72 1996   338.4'791   C95-941819-9

Révision linguistique : Raymond Deland
Mise en pages : Typo Litho inc.
Conception graphique de la couverture : Caron & Gosselin, communication graphique

Table des matières

Liste des tableaux

Liste des figures

Introduction

Une microéconomie du tourisme

La microéconomie du tourisme étudie les éléments fondamentaux qui déterminent le développement de l'industrie touristique. La survie et la croissance de l'entreprise touristique dépendent de sa connaissance des marchés, de ses clients actuels et potentiels et de la forme que prend (et que prendra) la concurrence nationale et internationale.

La microéconomie du tourisme analyse aussi l'offre touristique, la productivité des entreprises et les techniques pour minimiser les coûts et accroître la rentabilité. Demande, offre, coûts, prix, rentabilité, faisabilité sont les outils de base de la microéconomie ; elle donne à l'industrie touristique un cadre rigoureux pour analyser la situation économique et proposer des solutions.

La microéconomie peut être définie comme une recherche de la rationalité dans les décisions des agents économiques. Il peut y avoir une certaine distance entre la rationalité formelle, formulée par la science, et la rationalité vécue dans l'entreprise. Il est bien certain que la science économique doit faire sa part et intégrer le « facteur organisation » dans ses analyses. Seules des études concrètes, faites sur le terrain, pourront combler cet écart et donner à la microéconomie du tourisme ses lettres de noblesse.

Chapitre 1

La demande touristique

La notion de demande est un concept clé de la théorie microéconomique et c'est aussi le point de départ obligé pour l'étude de l'industrie touristique. L'ensemble des entreprises (transport, hébergement, restauration, etc.) de cette industrie tente de répondre à des besoins exprimés par les consommateurs nationaux ou internationaux.
Ces besoins font partie de la sphère des loisirs, qui forment aujourd'hui un vaste ensemble de biens et de services. C'est un domaine qui a connu une expansion rapide dans les cinquante dernières années.

LE TOURISME DANS LA SOCIÉTÉ POSTMODERNE

Dans ce monde des loisirs, le tourisme occupe une place bien à part. Chez les peuples occidentaux, les taux de départ en vacances oscillent entre 50 % et 60 %. Cela démontre que le tourisme est un des éléments qui définissent les sociétés modernes et postmodernes. Déjà en 1962, Henri Lefebvre définissait la modernité par la mobilité : « ... mobilité des techniques, mobilité sociale (les rapports des individus entre eux, avec les lieux, avec les travaux, étant sans arrêt bouleversés), mobilité intellectuelle (assimilation des changements dans la connaissance et la pratique), mobilité morale (exigence d'une extrême souplesse dans l'activité et les relations interindividuelles, adaptation renouvelée rendue indispensable par les facteurs de changement)[1] ». Ainsi, ce désir constant de mobilité va influencer fortement les perceptions et les expériences des consommateurs.

Avec le postmodernisme, cette mobilité devient exacerbée ; selon Daniel Bell, « ce qui frappe dans le postmodernisme c'est qu'on déclare que ce qui était ésotérique devient idéologique et ce qui appartenait à une aristocratie de l'esprit devient propriété démocratique de la masse[2] ». Cette évolution est très caractéristique dans le secteur du tourisme : activité de rentier réservée à une élite aristocratique et bourgeoise qui s'est rapidement « massifiée » pour toucher (inégalement il est vrai) toutes les couches sociales.

Pour Gilles Lipovetsky, la société postmoderne n'est pas la fin de la société de consommation mais « son apothéose[3] » ; cette orientation entraîne une croissance exponentielle des possibilités et des combinaisons d'achats et de services et rend de plus en plus complexes les choix des individus.

Dans cette perspective générale, la demande touristique n'est plus un résidu de la consommation globale mais une forme de besoins intrinsèques à la société postmoderne[4] ; il faut comprendre que « ... le tourisme

---

1. H. Lefebvre, *Introduction à la modernité*, Les Éditions de Minuit, Paris, 1962, p. 190.

2. D. Bell, *Les contradictions culturelles du capitalisme*, Presses universitaires de France, Paris, 1979, p. 62.

3. G. Lipovetsky, *L'ère du vide. Essais sur l'individualisme contemporain*, Gallimard, 1983, p. 16.

4. Voir à ce sujet L. Trottier, *Pour un nouveau cadre d'analyse du tourisme : la culture postmoderne*, thèse de M.A. en sociologie, Université du Québec à Montréal, mai 1992.

est devenu comme la deuxième peau du monde, générant de l'instable et du mobile partout, voyeur de la vie locale mais aussi acteur nécessaire, pollueur et protecteur, restaurateur et destructeur[5]». Le tourisme devient pour les analystes économiques un phénomène incontournable qui est, selon Jean Viard, «... au milieu d'une transformation générale, un des éléments vivants de la mutation[6]». Penser le tourisme en termes d'interdits, de dénonciations et d'effets négatifs ne mène qu'à un cul-de-sac au plan théorique et méthodologique.

Plus qu'un simple phénomène de civilisation, le tourisme devient l'image même de la société postmoderne construite sur les valeurs de mobilité des personnes et des biens, de la communication sans limite et de la mondialisation des économies et des cultures. Paradoxalement, le tourisme (la consommation touristique) reste grandement méconnu et cette ignorance alimente le mythe du touriste destructeur ; comme le souligne Jean-Didier Urbain : «méfiance latente ou xénophobie active, résistance manifeste ou opposition passive, le mépris antitouristique n'a finalement ni frontière ni territoire désigné. Proche ou lointain, ce mépris est partout, chez moi comme chez l'autre[7]».

Malgré cette dérive antitouristique, qui prend chez certains la forme d'une véritable paranoïa, le tourisme dans la société postmoderne façonne non seulement les esprits mais aussi les espaces habités. Ces espaces que Marc Augé appelle des «non-lieux», parce qu'ils n'appartiennent en propre à personne, ces «non-lieux ce sont aussi bien les installations nécessaires à la circulation accélérée des personnes et des biens (voies rapides, échangeurs, aéroports) que les moyens de transport eux-mêmes ou les grands centres commerciaux[8]».

La consommation touristique étend partout ses ramifications ; elle constitue une demande large et multiforme qui prend ses racines au cœur même des sociétés actuelles. Ces aspects sociologiques de la demande touristique permettent de comprendre celle-ci dans toute sa nouveauté et dans toute sa complexité.

5. J. Viard, « L'ordre touristique », dans la revue *Autrement*, série Mutations, n° 111, janvier 1990, p. 115.
6. J. Viard, *Penser les vacances*, Actes-Sud, 1984, p. 137.
7. J.-D. Urbain, *L'idiot du voyage*, Plon, Paris, 1991, p. 12.
8. M. Augé, *Non-lieux*, Seuil, Paris, 1992, p. 48.

1. DÉFINITION ET CARACTÉRISTIQUES SPÉCIFIQUES DE LA DEMANDE TOURISTIQUE

Au plan économique, la demande touristique est l'addition des biens et des services consommés par les touristes nationaux et internationaux à un moment donné. Au plan quantitatif, la demande touristique se calcule donc sous la forme de billets d'avion achetés, de chambres louées, de repas consommés, etc. ; ces consommations sont comptabilisées selon des périodes fixes (jour, semaine, mois, année). Cette définition de la demande touristique concerne la demande « effective », celle qui est réalisée : c'est la demande passée.

La demande touristique future doit tenir compte à la fois de la demande passée, mais aussi de la demande différée et de la demande potentielle[9]. La demande différée tient compte des empêchements momentanés qui peuvent faire obstacle à la consommation touristique ; par exemple, la mortalité d'un proche ou la maladie peuvent amener la personne à retarder ou à surseoir à un voyage. La demande potentielle tente d'inclure les personnes qui seront incitées à voyager par des variations sensibles des principaux déterminants de la demande touristique.

Les principales caractéristiques de la demande touristique sont :

- *sa forte concentration dans l'espace ;*

- *sa forte concentration dans le temps ;*

- *son intangibilité ;*

- *son caractère complexe et multiforme.*

La consommation touristique est très concentrée dans l'espace ; au niveau international, l'Europe et l'Amérique du Nord représentent près de 80 % des arrivées touristiques[10]. Dans la plupart des pays, les touristes ont tendance à s'agglutiner sur les côtes, dans les îles ou dans une ou deux grandes villes importantes[11].

---

9. Voir A. Mathieson et G. Wall, *Tourism : Economic, Physical and Social Impacts*, Longman, London, 1982, p. 16-17.

10. Voir F. Vellas, *Le tourisme*, Économica, Paris, 1992, p. 11.

11. Voir par exemple les fortes concentrations de touristes en Méditerranée : J.-P. Lozato-Giotart, *Méditerranée et tourisme*, Masson, Paris, 1990.

La consommation touristique est aussi très concentrée dans le temps. Par exemple, si on considère les coefficients saisonniers[12] des arrivées des touristes français au Québec (tableau 1), on peut constater cette forte concentration.

*T*ableau 1

**COEFFICIENTS SAISONNIERS* DES ARRIVÉES
DES TOURISTES FRANÇAIS AU QUÉBEC, PAR PÉRIODE**

	Mois											
Années	1	2	3	4	5	6	7	8	9	10	11	12
1979–1984	30	34	43	63	95	152	249	226	135	75	41	56
1985–1990	29	35	45	62	105	160	224	216	156	78	34	53

* Il s'agit de la moyenne des coefficients saisonniers calculés par la méthode Census II X-11, méthode développée au U.S. Bureau of the Census par J. Shiskin.

Les mois de juin, juillet, août et septembre ont des coefficients saisonniers extrêmement élevés et les autres mois sont beaucoup plus faibles. On se rend compte aussi que sur une douzaine d'années, il n'y a que de faibles variations des coefficients saisonniers : ceux-ci tendent à être relativement stables dans le temps.

Cette concentration a des conséquences économiques importantes ; elle suppose qu'il y a, pour certaines périodes de l'année, une surutilisation des équipements et une pénurie de personnel et, pour d'autres périodes, une sous-utilisation de ces équipements et un surplus de personnes. Cette concentration amène des coûts financiers et des problèmes aigus du côté de la gestion quotidienne des établissements touristiques.

Le tourisme repose aussi sur des éléments intangibles et symboliques ; les clients achètent souvent des produits liés aux rêves, à l'exotisme, à des changements dans le mode de vie habituel. Les attentes sont parfois très élevées et la satisfaction d'une partie de ces attentes dépend de facteurs externes à l'industrie touristique (température, accueil des populations, « atmosphère » au plan psychosociologique, etc.).

La consommation touristique est aussi complexe et multiforme ; elle suppose l'agencement d'un ensemble très varié de services tels que le trans-

12.   Le coefficient saisonnier correspond à une valeur par rapport à une moyenne annuelle qui est égale à 100 ; par exemple, pour les années 1979-1984, le mois de janvier correspond à 30 % de la moyenne annuelle des arrivées de touristes et le mois d'août à 2,26 fois cette moyenne annuelle.

port, l'hébergement, la restauration, l'animation touristique par le biais des attractions et des loisirs. Chacune des parties d'un voyage correspond à une consommation « spécialisée », différente de celle des autres parties.

LES DÉTERMINANTS ÉCONOMIQUES ET SOCIAUX DE LA DEMANDE TOURISTIQUE

L'augmentation graduelle des revenus des consommateurs, à long terme, demeure le principal déterminant de la demande touristique des dernières années. L'élévation du niveau de vie de l'ensemble des populations des pays occidentaux est étroitement liée aux progrès techniques réalisés et à leur corrolaire, la productivité du travail. Jean Fourastié définit la productivité du travail comme « ... le rapport du volume physique de la production à la durée du travail nécessaire à cette production[13] ».

Pour la France, Jean Fourastié montre que « ... le revenu national réel a été multiplié par 4 en 27 ans, de 1948 à 1975[14] » ; c'est ce que cet économiste appelle « les trente glorieuses ». Cette période est pratiquement unique dans l'histoire économique ; une période où le pouvoir d'achat de l'ensemble des membres des sociétés développées a connu une augmentation fulgurante ! Il y a donc un lien très fort entre l'augmentation des revenus et le développement de l'industrie touristique.

La progression très forte des revenus réels, pendant de longues années, a amené des changements profonds dans la demande de biens et de services. Dans cette perspective, « ... la consommation croissante change de structure : on consomme des produits secondaires et tertiaires... [15] ». On assiste à un déplacement graduel de la demande vers de nouveaux produits ; le tourisme a amplement profité de ces changements.

L'importance accordée au tourisme, dans les dépenses de consommation, va cependant varier de façon notable selon les catégories professionnelles. Plusieurs économistes du tourisme ont déjà étudié ce phénomène (Baretje, 1968 ; Guibilato, 1973 ; Py, 1986)[16]. Ces différences

---

13. J. Fourastié, *Les trente glorieuses*, Fayard, Paris, 1972, p. 201.

14. J. Fourastié, *op. cit.*, p. 250.

15. J. Fourastié, *La réalité économique*, Robert Laffont, Paris, 1978, p. 32.

16. Voir à ce sujet R. Baretje, *La demande touristique*, Faculté de droit et des sciences économiques, Université d'Aix-Marseille, 1968, p. 45-65 ; G. Guibilato, *Économie touristique*, Éditions Delta-Spes, Denges, 1983, p. 29-50 ; P. Py, *Le tourisme : un phénomène économique*, La Documentation française, Notes et études documentaires n° 4811, Paris, 1986, p. 24-27.

ont tendance à se maintenir et même à s'amplifier, selon Bernard Preel :
« … les inégalités de dépenses pour les vacances sont parmi les plus fortes
au sein du budget des ménages : de l'ordre de 1 à 5, suivant que l'on est
ouvrier ou cadre supérieur[17] ».

Ces inégalités sont partout perceptibles. On voit, par exemple, dans
le tableau 2, les revenus des ménages et les nuitées des touristes québécois en voyage au Québec en 1990.

Tableau 2

**REVENUS DES MÉNAGES ET NUITÉES DES TOURISTES QUÉBÉCOIS
AYANT UTILISÉ L'HÔTEL OU LE MOTEL AU QUÉBEC EN 1990**

Revenus des ménages (en dollars canadiens)	Proportion dans la population globale en %	Voyages-personnes* en %	Nuitées en %
– de 10 000	10,6	1,4	1,1
10 000 à 19 999	18,7	6,1	5,4
20 000 à 29 999	17,9	12,0	11,2
30 000 à 39 999	17,5	16,6	18,2
40 000 à 49 999	11,1	17,4	16,1
50 000 à 59 999	9,2	12,7	12,9
60 000 à 69 999	7,1	11,4	13,3
70 000 à 79 999	3,0	8,6	7,9
80 000 et +	4,9	13,8	13,9
TOTAL :	100	100	100

Tiré de *Statistique Canada*, catalogue n° 87-504.
* Voyage-personne : il s'agit d'un voyage effectué par une personne seule ou en groupe, voyage d'une
distance égale ou supérieure à 80 km.

Nous voyons, dans ce tableau, que ceux qui gagnent moins de
30 000 $ par an forment 45,2 % de la population globale ; pourtant ils ne
représentent que 19,5 % des voyages-personnes et 17,7 % de l'ensemble
des nuitées à l'hôtel.

Malgré ces différences, on l'a vu, la société postmoderne se définit
par une recherche hédonistique constante, par de nouveaux désirs et de

---

17.   B. Preel, « Portrait chiffré du vacancier français », dans la revue *Autrement*, séries Mutations,
n° 111, Paris, janvier 1990, p. 80.

nouveaux besoins. La demande touristique est l'une des caractéristiques principales de ce type de société ; en ce sens, les règles économiques de l'utilité marginale s'appliquent difficilement. Le tourisme semble un archipel sans fin de désirs nouveaux à satisfaire (il y a une capacité presque infinie de combinaisons possibles et de choix pour les consommateurs).

La théorie du consommateur va tenir compte des variations dans les revenus.

Figure 1

LA COURBE REVENU-CONSOMMATION

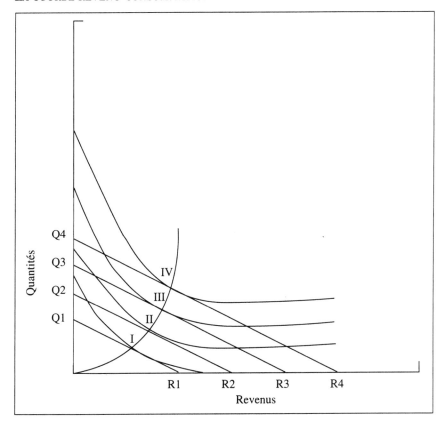

Dans la figure 1, nous voyons qu'à chaque augmentation du revenu R (de R1 à R4) correspondent une nouvelle droite du budget et de nouveaux points d'équilibre (I à IV). Les points d'équilibre correspondent à une situation optimale définie par le consommateur lui-même à partir des contraintes de ses revenus (on suppose ici que les prix restent temporairement inchangés). La solution optimale représente les quantités des biens et services « x » (le tourisme) et « y » (autres biens) que doit se procurer le consommateur pour maximiser sa satisfaction en fonction des contraintes de l'un des revenus (R1 à R4).

La courbe revenu-consommation permet de trouver, par exemple pour la consommation touristique, les quantités qui seront théoriquement achetées selon le niveau de revenu.

Figure 2

LA COURBE THÉORIQUE DE CONSOMMATION TOURISTIQUE SELON LES REVENUS

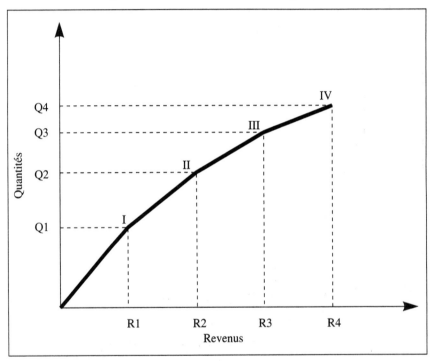

Cette courbe (figure 2) illustre la loi d'Engel[18] selon laquelle, pour certains biens, plus le revenu augmente, plus la part relative consacrée à ces biens tend à diminuer. Cette loi sur l'évolution de la consommation des ménages indique que les dépenses dites primaires et secondaires (alimentation, habillement et logement, par exemple) vont croître moins rapidement que les revenus alors que les dépenses tertiaires (loisir-tourisme) vont croître plus rapidement que les revenus.

---

18.   Ernst Engel, statisticien et économiste allemand, 1821-1896.

Ainsi, selon certaines études, l'alimentation, qui formait près de 45 % du budget familial en 1950, verrait sa part, dans l'ensemble des dépenses, baisser à moins de 20 % en l'an 2000 ; les dépenses de loisir-tourisme passeraient de 6 % à 11 % durant la même période. La relation revenus/voyages va aussi jouer sur le type de voyage ; par exemple, nos recherches portant sur les touristes québécois montrent que la corréla-tion[19] entre le revenu personnel disponible[20] et les voyages à l'étranger (à l'exception des États-Unis) est de 0,90 alors que le taux de corrélation pour les voyages aux États-Unis est de 0,54.

2. ASPECTS TECHNIQUES ET ÉLASTICITÉ DE LA DEMANDE TOURISTIQUE

La demande touristique globale est l'expression des décisions d'achats individuels des touristes. En fonction des revenus et des besoins, la loi de la demande suppose que plus les prix des biens et des services seront bas, plus les quantités consommées seront élevées.

LA COURBE DE DEMANDE

Nous pouvons illustrer la courbe de demande touristique à partir d'un exemple hypothétique très simple.

Tableau 3

PRIX* ET NUITÉES DANS LES HÔTELS

Prix	Nuitées	Prix	Nuitées
210	1200	105	1876
168	1270	98	2100
140	1411	92	2600
119	1623	89	3200

* Prix en dollars constants.

19. Le coefficient de corrélation de Bravais-Pearson oscille entre +1 et -1 ; +1 indique une corréla-tion parfaite entre les deux variables étudiées.
20. Le revenu personnel disponible est en dollars constants, c'est-à-dire qu'il tient compte de l'inflation.

Dans le tableau 3, nous avons les prix des chambres d'hôtel (en dollars canadiens) et les chambres louées (les nuitées) pour une période donnée. Nous pouvons maintenant reporter ces données sur un graphique et établir la courbe de demande.

Figure 3

LA COURBE DE DEMANDE

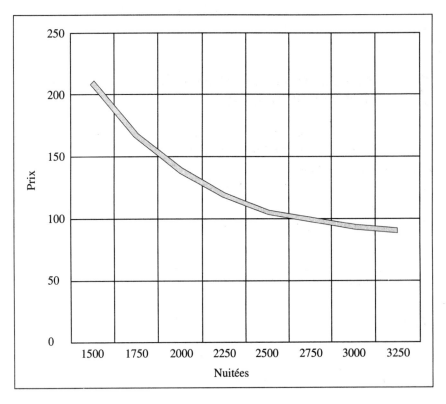

Cette courbe de demande nous montre que plus le prix des chambres d'hôtel est élevé, plus le nombre de chambres louées tend à diminuer.

La courbe de demande suppose que les revenus et les goûts des touristes auront une faible variation durant la période étudiée. Toute variation importante des revenus ou des goûts des consommateurs (ou des deux à la fois) va entraîner un déplacement de la courbe de demande. En réalité, le prix d'équilibre (voir chapitre V : la fixation des prix) dépendra, tout à la fois, de la situation financière de l'hôtel (des coûts), de la qualité des services offerts, de la concurrence et de la situation économique d'ensemble.

L'ÉLASTICITÉ DE LA DEMANDE

Dans l'exemple précédent, nous avons vu que le nombre de chambres louées variait selon les prix demandés. La notion qui mesure la sensibilité des quantités demandées aux différents prix s'appelle l'élasticité de la demande. L'élasticité de la demande est définie par le rapport suivant :

$$Ed = \frac{\text{Variation de la quantité demandée (en \%)}}{\text{Variation du prix (en \%)}} .$$

De façon plus pratique, on calculera l'élasticité de la demande avec la formule suivante :

$$Ed = \frac{\dfrac{\text{Augmentation des quantités}}{\text{Quantités}}}{\dfrac{\text{Augmentation des prix}}{\text{Prix}}} .$$

Le détail des calculs à faire apparaît dans le tableau 4.

𝑻ableau 4

ÉLASTICITÉ DE LA DEMANDE DES NUITÉES EN FONCTION DU PRIX

1	2	3	4	5	6	7
Prix des chambres en dollars «P»	Diminution du prix $-\Delta P$	$\dfrac{-\Delta P}{P}$	Nombre de nuitées ou quantité «Q»	Augmentation des nuitées $+\Delta Q$	$\dfrac{+\Delta Q}{Q}$	$\dfrac{\dfrac{+\Delta Q}{Q}}{\dfrac{-\Delta P}{P}}$
210			1200			
	−42	−0,2		70	0,06	0,3
168			1270			
	−28	−0,17		141	0,11	0,65
140			1411			
	−21	−0,15		212	0,15	1,0
119			1623			
	−14	−0,12		253	0,22	1,25
105			1876			
	−7	−0,07		224	0,12	1,71
98			2100			
	−6	−0,06		500	0,23	3,83
92			2600			
	−3	−0,03		600	0,23	7,66
89			3200			

Dans ce tableau, le symbole Δ indique un changement dans les prix ou dans les quantités. Les colonnes 1-2-3 servent à calculer la partie supérieure de la formule et les colonnes 4-5-6 la partie inférieure. La colonne 7 contient les résultats des calculs obtenus par la formule ci-dessus ; le signe moins apparaît afin que Ed soit positif.

L'interprétation de l'élasticité de la demande des nuitées se fera à partir du tableau suivant.

Tableau 5

INTERPRÉTATION DE LA VALEUR NUMÉRIQUE DE L'ÉLASTICITÉ
DE LA DEMANDE

Type d'élasticité	Valeur numérique	Interprétation des résultats
Inélastique	Zéro ou supérieure à zéro mais inférieure à un	La quantité demandée est peu influencée par les changements de prix ; les quantités demandées varient d'un pourcentage inférieur à celui des prix
Unitaire	Un	Les quantités demandées varient d'un pourcentage égal à celui des prix
Élastique	Supérieure à un	Les quantités demandées augmentent plus que les prix (en pourcentage)

À partir de ces règles d'interprétation, on peut dire que (pour le tableau 4) les prix des chambres d'hôtel de 210 $ et 168 $ correspondent à une demande inélastique ; si les prix augmentent de 1 %, la demande chutera de 0,3 % dans le premier cas et de 0,6 % pour le second prix. Le prix de 140 $ montre une élasticité unitaire, c'est-à-dire qu'une baisse des prix de 1 % entraînera une hausse de la demande de 1 %. Tous les autres prix qui suivent sont « élastiques » ; par exemple, l'élasticité de 1,25 indique que si le prix correspondant baisse de 10 %, la demande de chambres d'hôtel augmentera de 12,5 % (on peut utiliser 1 % ou 10 % comme taux de décroissance des prix). En fait, le coefficient d'élasticité nous signale s'il vaut la peine (ou non) de baisser nos prix.

La relation prix/demande est d'une importance vitale pour l'entreprise ; l'élasticité de la demande est un indicateur qui donne une estimation des réactions de la demande à une hausse ou à une baisse des prix. Ces changements ne doivent pas se faire à l'aveuglette. Il y a un lien très fort entre l'élasticité de la demande et les recettes totales de la firme ; ce lien apparaît clairement dans le tableau 6.

T*ableau 6*

L'ÉLASTICITÉ DE LA DEMANDE ET LES RECETTES TOTALES DE L'ENTREPRISE

	Demande		
	Élastique	**Unitaire**	**Inélastique**
Augmentation des prix	Baisse des recettes totales	Aucun changement	Augmentation des recettes totales
Baisse des prix	Augmentation des recettes totales	Aucun changement	Baisse des recettes totales

Une zone de prix inélastique révèle qu'une baisse de prix amènera une baisse parallèle de la demande et une recette finale plus faible. Une zone de prix élastique nous enseigne qu'une baisse de prix va accroître la demande et augmenter de façon notable la recette finale. Donc, quand la demande est inélastique, le décideur n'a aucun intérêt à diminuer ses prix ; au contraire, quand la demande est élastique, il a avantage à abaisser ses prix et ainsi à augmenter ses revenus.

Avec une formule semblable à celle de l'élasticité de la demande, on peut aussi calculer l'élasticité du revenu des consommateurs par rapport à certains biens. Pour les États-Unis, on retrouve les élasticités-revenus suivantes pour certains biens et services des domaines du loisir et du tourisme[21] :

Biens ou services	Élasticité-revenu
Dépenses de loisir	1,4
Spectacles	1,98
Restaurants	1,48
Automobiles de tourisme	3,0
Ski	0,5
Voyage de pêche	0,47
Camping	0,42

Nous avons mesuré, pour les touristes québécois, l'élasticité du revenu pour les voyages à l'étranger (sauf les États-Unis) et pour les séjours aux États-Unis. Pour les voyages à l'étranger (à l'exception des États-Unis), l'élasticité est de 3,5 et pour les voyages aux États-Unis, l'élasticité est de 0,70 ; la différence entre les deux valeurs est importante.

---

21. Tiré de R. Walsh, *Recreation Economic Decisions : Comparing Benefits and Costs*, Venture Publishing, Pennsylvania, 1986, p. 267.

Cette différence indique que les voyages à l'étranger (sauf les États-Unis) sont considérés comme des biens «supérieurs» à acquérir, alors que la destination États-Unis apparaît comme inélastique, donc peu influencée par la hausse ou la baisse des revenus des consommateurs.

3. CONNAISSANCE EMPIRIQUE DE LA DEMANDE TOURISTIQUE

Pour avoir une connaissance concrète de la demande touristique, nous disposons d'une grande panoplie d'instruments de recherche et de moyens d'information. Les informations disponibles sont, soit des données de type primaire, soit des données de type secondaire. Les données primaires sont construites par le chercheur lui-même en fonction d'objectifs explicites ; elles exigent habituellement une enquête sur le terrain. Les données secondaires sont des statistiques administratives produites par des organismes étatiques ou privés et accessibles à un vaste public ; elles peuvent rarement répondre à des besoins spécifiques.

LES ENQUÊTES PAR SONDAGE

Les enquêtes par sondage suivent, en règle générale, le cheminement suivant :

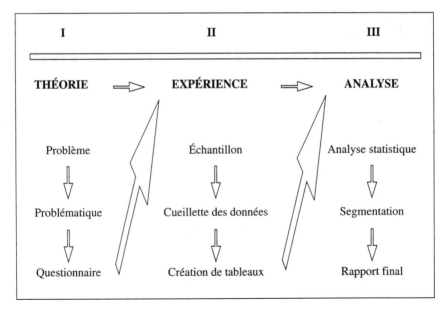

Ces méthodes, très formalisées, donnent de bons résultats[22] ; elles permettent surtout de parvenir à découper la demande touristique en différents segments. Il suffira par la suite d'établir les besoins particuliers de chacun des segments et de tenter d'y répondre.

Cette segmentation peut se faire en fonction d'un certain nombre de critères de classification[23] :

Tableau 7

LES CRITÈRES POSSIBLES DE SEGMENTATION DES TOURISTES

Critères			
Socioéconomiques	**Type de voyage**	**Type de vacances**	**Selon les « styles de vie »**
• Âge et sexe • Scolarité • Catégories socio-professionnelles • Revenu du ménage • Localisation (rural/urbain)	• Visite de parents/amis • Agrément • Affaires/congrès • Raisons personnelles • Autres	• Soleil-mer • Résidence secondaire (tranquillité) • Actif : sport et mouvement • Aventurier : sport à risque/nouvelles destinations	Classification des styles de vie selon deux pôles : sensualisme/ascétisme et conservatisme/aventurisme)[24]

Ces critères sont loin d'être exhaustifs : ils varient selon les niveaux de précision qu'ils peuvent atteindre. Les critères socioéconomiques et le type de voyage ont probablement une plus grande validité scientifique mais ne vont pas tellement en profondeur.

À titre d'exemple, nous pouvons présenter la segmentation effectuée pour Tourisme Canada et l'US Travel and Tourism Administration et portant sur les touristes français. La recherche distingue six segments principaux établis en fonction des produits touristiques[25] :

---

22. Voir à ce sujet J. Stafford et M. Samson, *La recherche en tourisme*, Fascicule Téoros, n° 4, Université du Québec à Montréal, Montréal, 1989 ; R. Degon, *Les études marketing. Pourquoi ? Comment ?*, Les Éditions d'Organisation, Paris, 1990 ; W. Emory et D. Cooper, *Business Research Methods*, Irwin Inc., Boston, 1991.

23. Voir G. Tocquer et M. Zins, *Le marketing touristique*, Gaëtan Morin Éditeur, Montréal, 1987.

24. B. Cathelat, *Socio-styles-systèmes ; les styles de vie : théorie, méthodes et applications*, Les Éditions d'Organisation, Paris, 1990.

25. Tourisme Canada, *Les marchés du voyage d'agrément en Amérique du Nord : la France*, Ottawa, 1989, p. 7-8.

1. petit budget et plage (20 % du marché total) ;

2. vie en plein air (16 % du marché total) ;

3. sports et divertissements (19 % du marché total) ;

4. culture et nature (13 % du marché total) ;

5. centres de villégiature (14 % du marché total) ;

6. culture et confort (18 % du marché total).

À partir des mêmes données, d'autres segmentations sont possibles ; par exemple, les chercheurs isolent quatre segments en fonction des avantages recherchés :

- *les voyageurs attirés par les activités physiques (20 % du marché) ;*
- *les voyageurs attirés par l'aventure (29 % du marché) ;*
- *les voyageurs attirés par une escapade de luxe (23 % du marché) ;*
- *et enfin, les voyageurs sociables et attirés par la sécurité (20 % du marché).*

LES ÉTUDES PRÉVISIONNELLES

Les études prévisionnelles vont tenter de cerner les tendances de la demande touristique dans le court terme et le long terme. Les résultats de ces recherches servent à la planification générale des gouvernements et des entreprises ; ils donnent une image de l'évolution de la demande touristique pour une période donnée. Les études prévisionnelles peuvent aussi être utilisées comme des indicateurs de la performance touristique du pays ou de l'entreprise.

Les études prévisionnelles sont faites à partir de séries chronologiques, c'est-à-dire de l'évolution d'une variable (arrivées, recettes, nuitées, etc.) au cours du temps ; habituellement, ces données sont recueillies à partir de périodes fixes (jour, semaine, mois, trimestre, année). Des méthodes statistiques, souvent complexes, permettent de faire des analyses de tendances et des projections[26].

Nous allons voir deux exemples d'évolution de séries chronologiques de la demande touristique : les arrivées du tourisme international de 1963 à 1992 et la croissance des nuitées en France de 1980 à 1991. Le tourisme international a connu une progression importante de 1963 à

---

26. Voir à ce sujet A. Edwards, *Manuel sur les méthodes de prévision applicables au tourisme*, OMT, Madrid, 1978 ; S. Witt et C. Witt, *Modeling and Forecasting Demand in Tourism*, Academic Press, New York, 1992.

1991 ; les arrivées de touristes sont passées de près de 90 millions à 476 millions durant cette période.

*T**ableau 8***

LES ARRIVÉES DU TOURISME INTERNATIONAL (EN MILLIERS) DE 1963 À 1992

Années	Arrivées (000)	Indice Base 100 = 1982	Taux d'accroissement annuel moyen en % *
1963	89 999	31	
1964	104 506	36	
1965	112 729	39	9,5
1966	119 797	42	
1967	129 529	45	
1968	130 899	46	
1969	143 140	50	
1970	159 690	56	8,6
1971	172 239	60	
1972	181 851	63	
1973	190 622	66	
1974	197 117	69	
1975	214 357	75	5,8
1976	220 719	77	
1977	239 122	83	
1978	257 366	90	
1979	273 999	95	
1980	284 841	99	2,7
1981	288 848	101	
1982	286 780	100	
1983	284 173	99	
1984	312 434	109	
1985	321 240	112	5,9
1986	330 907	115	
1987	356 876	124	
1988	382 132	133	
1989	415 736	144	
1990	443 866	155	5,6
1991	455 100	159	
1992	476 000	166	

* Moyenne géométrique.
Source : OMT.

Malgré cette progression importante, il y a eu une période de stagnation en 1967-1968 et de nette régression durant la crise de 1982-1983.

Nous pouvons aussi remarquer que les taux d'accroissement annuel moyen[27] ont tendance à diminuer avec le temps ; ce taux était de 9,5 % pour la période 1963-1967 et il est à 5,6 % pour la période 1988-1992. Dans le tableau 9, nous avons effectué une simulation prévisionnelle de 1993 à l'an 2000.

T̲ableau 9

PRÉVISIONS DES ARRIVÉES DU TOURISME INTERNATIONAL (EN MILLIERS) DE 1993 À L'AN 2000, SELON TROIS HYPOTHÈSES DE CROISSANCE

Années	Arrivées en milliers (000)		
	Hypothèses		
	Forte	Moyenne	Faible
	TAAM de 1983 à 1992 (5,8 %)	TAAM de 1978 à 1992 (4,5 %)	TAAM de 1990 à 1992 (3,5 %)
1993	503 608	497 420	492 660
1994	532 817	519 804	509 903
1995	563 721	543 195	527 750
1996	596 416	567 639	546 221
1997	631 009	593 182	565 339
1998	667 607	619 875	585 126
1999	706 328	647 769	605 605
2000	747 295	676 919	626 801

L'hypothèse forte est basée sur la progression observée entre 1983 et 1992 ; l'hypothèse moyenne projette la croissance des années 1978 à 1992 (soit 4,5 %) et enfin l'hypothèse faible s'appuie sur l'évolution récente de 1990 à 1992 (avec 3,5 %). Laquelle de ces hypothèses est la bonne ? Bien malin qui pourrait répondre ! En fonction du passé, on peut estimer que dans l'avenir, le taux d'accroissement annuel moyen oscillera entre 3,5 % et 5,8 %.

Les séries chronologiques peuvent aussi aider à faire des comparaisons entre les différents segments de la demande touristique. Dans le

---

27. Il s'agit d'un taux d'accroissement annuel moyen calculé par la moyenne géométrique (le TAAM).

tableau 10, nous avons les nuitées en France, désagrégées en fonction des principales saisons, des courts séjours et des voyages d'affaires, ainsi que les nuitées des voyageurs étrangers.

*T*ableau 10

LES NUITÉES TOURISTIQUES EN FRANCE (EN MILLIONS) DE 1980 À 1991

A) Nuitées touristiques (en millions)

Années	Français total des nuitées	Nuitées en été	Nuitées en hiver	Nuitées de courts séjours	Nuitées affaires	Nuitées des étrangers	Nuitées grand total
1980	975	572	144	219	40	255	1230
1981	996	576	152	226	42	263	1259
1982	1020	583	157	232	47	299	1319
1983	1062	618	158	239	47	308	1370
1984	1053	588	170	246	49	320	1373
1985	1051	585	162	253	51	330	1381
1986	1046	561	173	260	52	332	1378
1987	1065	554	190	268	53	340	1405
1988	1075	560	184	275	55	347	1422
1989	1070	561	168	283	57	385	1455
1990	1076	560	165	292	59	402	1478
1991	1091	557	174	300	60	390	1481

B) Nuitées touristiques en indices (base 100 = 1980)

1980	100	100	100	100	100	100	100
1981	102	101	105	103	105	103	102
1982	105	102	109	106	117	117	107
1983	109	108	110	109	117	121	111
1984	108	103	118	112	122	125	112
1985	108	102	112	115	127	129	112
1986	107	98	120	119	130	130	112
1987	109	97	132	122	132	133	114
1988	110	98	128	125	137	136	116
1989	110	98	117	129	142	151	118
1990	110	98	114	133	147	158	120
1991	112	97	121	136	150	153	120

Source : INSEE.

Sur le plan saisonnier, les nuitées vendues durant l'été baissent très légèrement (le taux est de −0,2 % par année) et augmentent de 1,7 % par année durant l'hiver. Les nuitées de courts séjours progressent de 2,9 % par année ; les nuitées pour affaires augmentent aussi de façon intéressante avec un taux de 3,7 % par année. Enfin, les visiteurs étrangers ont une progression très soutenue avec 3,9 % par année. Nous voyons, dans la figure 4, l'évolution indicielle des différents marchés des nuitées ; les voyages d'affaires et les courts séjours sont vraiment des marchés porteurs. Dans la figure 5, on remarque le décalage (dans l'évolution indicielle) entre le marché autochtone (taux de 1 % par année) et le marché étranger.

F_igure 4_

ÉVOLUTION INDICIELLE DES NUITÉES EN ÉTÉ, EN HIVER,
POUR LES COURTS SÉJOURS ET POUR AFFAIRES, EN FRANCE,
DE 1980 À 1991 (BASE 100 = 1980)

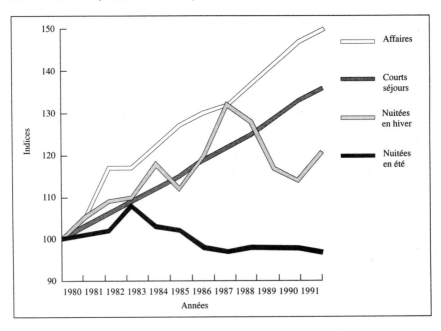

*F*igure 5

ÉVOLUTION INDICIELLE DES NUITÉES DES FRANÇAIS
ET DES VISITEURS ÉTRANGERS, EN FRANCE,
DE 1980 À 1991 (BASE 100 = 1980)

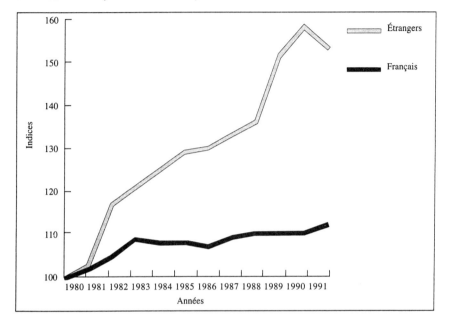

Chapitre 2

L'offre touristique

On peut définir l'offre touristique comme l'ensemble des produits et des services nécessaires pour satisfaire les besoins des consommateurs en ce qui concerne les vacances et les voyages. Ces produits touristiques peuvent prendre des formes très diverses ; ils peuvent contenir l'un ou plusieurs des éléments suivants : le transport, l'hébergement, la restauration, les attractions et les activités touristiques. L'offre touristique doit être concrète et susceptible d'être consommée.

1. LES PARTICULARITÉS DE L'OFFRE TOURISTIQUE

L'offre touristique possède certaines caractéristiques dont on doit tenir compte[28]. Il faut souligner :

- *Son caractère disparate ; elle recouvre un grand nombre d'activités : par exemple, certaines relèvent de la haute technologie (les transports aériens) tandis que d'autres font appel à des dimensions plutôt culturelles (la cuisine, les arts). Les diverses facettes de l'offre ont donc des objectifs et des normes difficiles à harmoniser.*

- *L'offre touristique a aussi un caractère rigide ; l'ensemble des ressources et des infrastructures est difficile à modifier à court terme. L'ajustement à la demande se fait souvent avec beaucoup de lenteur et les coûts inhérents aux changements contribuent à rendre l'offre touristique relativement inélastique.*

- *Le caractère intangible de la demande touristique va aussi affecter l'offre ; les motivations et les besoins de l'acheteur sont complexes et faits d'images quelquefois difficiles à matérialiser dans un produit précis.*

On peut isoler d'autres facteurs qui vont avoir une influence plus ou moins grande sur l'offre touristique. L'offre touristique va être affectée par la substitution possible de certains produits touristiques (nous n'avons qu'à observer la gamme des hébergements possibles pour un touriste dans un pays donné). L'offre touristique peut aussi être modifiée par des changements technologiques (surtout visibles dans les transports et l'alimentation) ; ces changements peuvent modifier la courbe d'offre car ils provoquent une baisse des coûts globaux de l'entreprise. Les nouvelles technologies peuvent amener la création de nouveaux produits touristiques qui vont entrer en concurrence directe avec les « vieux » produits.

L'offre touristique est très dépendante des conditions climatiques. Les fluctuations saisonnières ont aussi des composantes psychosociologiques ; la notion de « confort climatique » dépasse la simple notion de température. Les images touristiques véhiculent les formes idéales d'un climat imaginaire auquel l'offre touristique tente de se conformer, comme l'écrit Jean-Pierre Besancenot : « la demande climatico-touristique ne

---

28. Voir à ce sujet G. Guibilato, *Économie touristique*, Éditions Delta-SPES, Denges, 1983, chapitre 4.

peut être isolée de son substrat socio-culturel. Lorsqu'elle élit telle région au détriment de telle autre, c'est largement en fonction des effets de mode, donc en suivant les fluctuations historiques de la consommation vacancière[29] ».

Certains déplacements de la courbe d'offre touristique sont déterminés par des situations conjoncturelles nationales ou internationales. Les entreprises touristiques sont influencées par le cadre économique dans lequel elles évoluent : les crises économiques récentes de 1982-1983 et de 1990-1991 montrent bien cette influence. Enfin, l'offre touristique peut aussi être modifiée par des décisions étatiques favorables ou défavorables ; par exemple, l'État peut accorder des avantages fiscaux à certains produits touristiques ou, au contraire, réduire l'offre en augmentant les charges fiscales. Les politiques économiques en matière touristique ont donc un effet certain sur les déplacements de la courbe d'offre.

2. LES DIMENSIONS TECHNIQUES DE L'OFFRE TOURISTIQUE

Les théories keynésiennes et les méthodes du marketing ont donné une grande importance à la demande touristique, celle-ci étant perçue comme le moteur du développement. Cette orientation accorde une grande place aux techniques de publicité et de vente et il arrive souvent, dans le domaine touristique, que l'image soit plus importante que le produit lui-même.

Pour Jean-Baptiste Say (1867-1932), c'est l'offre qui crée la demande ; les théoriciens néo-libéraux de l'offre (des années 1980) veulent redonner à l'entreprise son rôle de leader dans l'ensemble du système économique[30]. Selon cette théorie, l'entreprise, en créant de nouveaux produits, insuffle de nouveaux revenus dans le système, augmentant ainsi le pouvoir d'achat et la demande pour certains biens. Dans cette perspective, l'offre est vraiment l'élément dynamique, le véritable créateur de richesse. Le principal apport de cette théorie est d'effectuer un rééquilibrage entre l'offre et la demande.

---

29. J.-P. Besancenot, *Climat et tourisme*, Masson, Paris, 1990, p. 16.
30. Voir à ce sujet G. Gilder, *Richesse et pauvreté*, Albin Michel, Paris, 1981.

LA COURBE D'OFFRE

La courbe d'offre ressemble à la courbe de demande ; les deux courbes montrent la relation entre la quantité et le prix d'un bien. La courbe d'offre exprime la quantité d'un bien que l'entreprise est disposée à offrir à un moment donné, sur un marché donné et à divers prix. Les deux courbes (offre et demande) évoluent en sens inverse ; l'attitude des vendeurs est le contraire de celle des acheteurs : les vendeurs vont offrir peu de biens et services tant que les prix seront bas et vont proposer des quantités plus grandes quand les prix seront plus élevés. La loi de l'offre nous dit que la quantité offerte sur un marché variera dans le même sens que le prix ; plus le prix sera bas, plus la quantité offerte sera petite, et plus le prix sera élevé, plus la quantité offerte sera grande.

La courbe d'offre se construit en reliant les quantités et les prix.

*T*ableau 11
LA CONSTRUCTION DE L'OFFRE TOURISTIQUE POUR TROIS CHAÎNES HÔTELIÈRES

| Prix en dollars | Nombre de chambres disponibles | | | |
| | Chaînes hôtelières | | | |
	Bellevue	Bon Repos	Sommeil	Total
100	1000	600	480	2080
95	880	520	400	1800
90	800	440	320	1560
85	760	400	240	1400
80	720	360	160	916
75	400	280	120	800
70	320	128	64	512

Dans le tableau 11, nous avons les données pour construire trois courbes d'offre individuelle et une courbe d'offre totale ; la première colonne indique le prix par chambre selon l'offre de chambres pour les trois chaînes hôtelières, et les trois autres colonnes, le nombre de chambres que chacune des chaînes est prête à offrir. La dernière colonne indique le total des chambres pour chacun des prix proposés.

*F*igure 6a

*L*A COURBE D'OFFRE DE CHAMBRES DE LA CHAÎNE *B*ELLEVUE

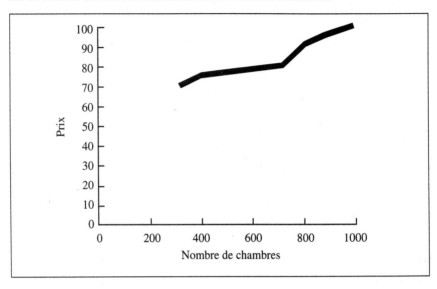

*F*igure 6b

*L*A COURBE D'OFFRE DE CHAMBRES DE LA CHAÎNE *B*ON *R*EPOS

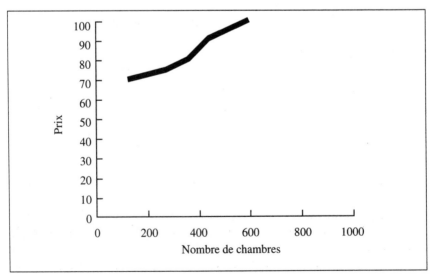

Figure 6c
LA COURBE D'OFFRE DE CHAMBRES DE LA CHAÎNE SOMMEIL

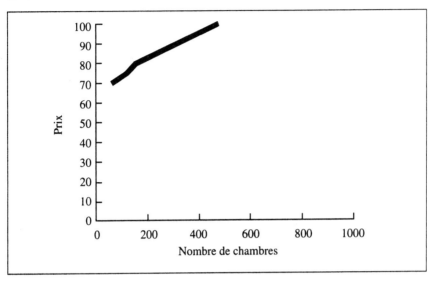

Figure 6d
LA COURBE D'OFFRE TOTALE DE CHAMBRES

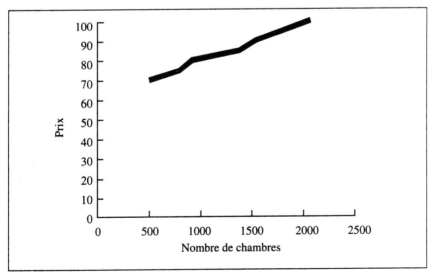

Les figures 6A, 6B et 6C présentent les courbes individuelles de demande des trois chaînes, et la figure 6D, l'offre totale des entreprises du secteur. Cette courbe d'offre n'est utilisable que dans la mesure où certaines variables économiques, influençant l'offre, restent inchangées (prix des autres produits, coûts, innovations technologiques).

Figure 7

LES DÉPLACEMENTS DE LA COURBE D'OFFRE

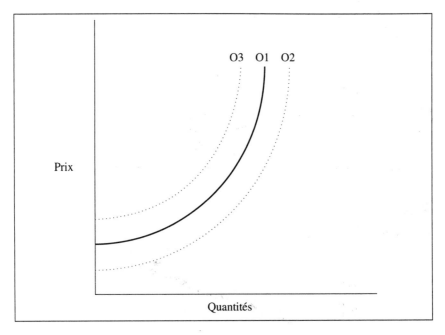

Si des changements notables se produisent du côté de l'offre (nouveaux hôtels ou disparition d'hôtels anciens), il faudra tracer une nouvelle courbe d'offre comme on peut le voir à la figure 7. Un déplacement de la courbe d'offre de O1 à O2 montre un accroissement de l'offre ; un changement de O1 à O3 révèle une diminution de l'offre sur ce marché. Selon le secteur du tourisme que l'on étudie, le déplacement de la courbe d'offre peut se faire très lentement ou très rapidement. Dans l'industrie hôtelière (pour les pays développés), l'offre augmente graduellement et sans à-coup ; par contre, dans d'autres secteurs du tourisme, les déplacements de la courbe d'offre peuvent se faire dans un temps très bref (restauration, certaines attractions).

3. LE DIFFICILE AJUSTEMENT ENTRE L'OFFRE ET LA DEMANDE

L'ajustement entre l'offre et la demande nous permet de connaître les quantités réellement achetées et vendues sur un marché quelconque. La rencontre de l'offre et de la demande définit le prix d'équilibre. Voyons comment ce prix est établi.

*T*ableau 12

LA FIXATION DU PRIX D'ÉQUILIBRE

Prix des chambres (en dollars)	Nombre de chambres		Surplus ou pénurie	Effet sur les prix
	Demande du marché	Offre du marché		
95	1500	6000	+4500	Baisse
90	2500	4500	+2000	Baisse
85	3300	3300	0	Équilibre
80	4400	2400	−2000	Hausse
75	6000	1000	−5000	Hausse

Dans ce tableau, nous avons les prix des chambres ainsi que la demande et l'offre sur le marché. On voit que le prix d'équilibre est de 85 $. Lorsque le prix des chambres d'hôtel est supérieur à 85 $, il y a une offre excédentaire, trop de chambres ne sont pas louées (voir ce phénomène illustré à la figure 8); par contre, lorsque le prix est inférieur à 85 $, il y a une demande excédentaire, donc une pénurie de chambres à louer.

Dans une économie de marché, le prix et la quantité d'équilibre d'un bien ou d'un service sont déterminés par la rencontre des courbes d'offre et de demande globale sur ce marché. Des changements socioéconomiques peuvent faire changer l'offre ou la demande; les deux peuvent aussi changer à la fois. Ces transformations auront des conséquences sur les prix. Le nouveau prix d'équilibre sera alors donné par le nouveau point d'intersection des courbes d'offre et de demande.

L'établissement du prix d'équilibre dans le domaine du tourisme suppose une certaine stabilité des coûts fixes et aussi que les transactions se feront dans le court terme. À plus long terme, certains déséquilibres

F<u>*igure 8*</u>

**L<small>A</small> *COURBE DE DEMANDE ET LA COURBE D'OFFRE,*
*ET LA FIXATION DU PRIX D'ÉQUILIBRE***

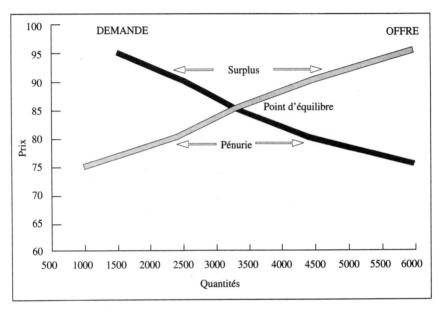

apparaissent liés aux fluctuations économiques, à l'inflation, au chômage. En fait, le système fonctionne par essais et erreurs ; c'est par tâtonnements, le plus souvent, que l'équilibre s'établit temporairement dans une société en constante mutation !

Il faut voir le modèle offre/demande comme une représentation théorique de la réalité économique du tourisme. Ce modèle est valable pour examiner une grande variété de situations où il y a une demande et une offre qui tentent de s'ajuster l'une à l'autre. La plupart du temps, cet ajustement est difficile à cause même des éléments du système touristique. Dans beaucoup de cas, il y a des délais d'adaptation de l'offre entre des équilibres partiels.

On peut donner un exemple empirique de ce décalage ; dans le tableau 13, nous avons l'évolution indicielle des chambres et des nuitées dans les hôtels de Montréal entre 1977 et 1992 (base 100 = 1977).

*T*ableau 13

ÉVOLUTION INDICIELLE DES CHAMBRES ET DES NUITÉES À MONTRÉAL, DE 1977 À 1992 (INDICE BASE 100 = 1977)

Années	Chambres	Nuitées	Taux
1977	100	100	100
1978	103	108	102
1979	104	116	110
1980	107	119	110
1981	103	113	106
1982	109	107	95
1983	114	106	92
1984	111	115	102
1985	107	122	111
1986	112	126	111
1987	119	135	111
1988	123	139	111
1989	125	131	103
1990	128	131	102
1991	131	119	89
1992	124	112	89

Dans la figure 9, nous pouvons voir que, sans tenir compte des prix, les points d'équilibre offre/demande sont rares et fugaces (1982, 1984 et 1990). Les écarts s'expliquent, en partie, par les exigences liées à la construction des hôtels (établissement des plans, construction, etc.) ; ces exigences rendent difficile un ajustement instantané de l'offre et de la demande.

Figure 9

ÉVOLUTION INDICIELLE DES CHAMBRES ET DES NUITÉES À MONTRÉAL,
DE 1977 À 1992 ; BASE 100 = 1977

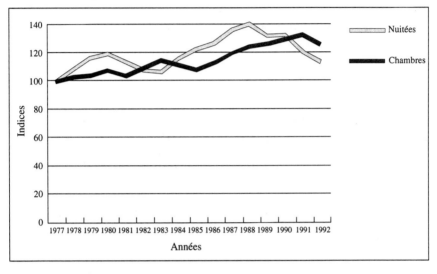

Chapitre 3

Les marchés et les produits touristiques

Les marchés et les produits touristiques sont les deux notions de base permettant de rendre tangible la rencontre de l'offre et de la demande. Selon la configuration du marché, l'entreprise doit élaborer des stratégies afin de maîtriser et d'accroître ses positions dans cet ensemble économique. Enfin, l'entreprise, afin de répondre aux variations de la demande, doit tenir compte de l'évolution future des marchés touristiques.

1. LES MARCHÉS ET LES PRODUITS TOURISTIQUES

Le marché conditionne d'une certaine façon la vente des produits. Pour les auteurs classiques de la microéconomie, la société se forme essentiellement par les échanges entre les individus qui la composent[31]. Les marchés sont les lieux physiques et temporels (dans un temps donné) où se font les échanges ; ils déterminent aussi, de par leurs structures, les façons dont se feront les échanges économiques. Dans cette perspective, la composition du marché détermine en grande partie la vente des produits.

LES MARCHÉS

Plus précisément, le marché se définira à partir d'un certain nombre d'éléments fondamentaux. Ces critères sont :

1. Le marché est un lieu d'échange, de transaction mais aussi, c'est sa dimension dialectique, un endroit de confrontation entre, d'une part, vendeurs et acheteurs et, d'autre part, les vendeurs eux-mêmes. Les acheteurs recherchent un bien ou un service et les vendeurs essaient de vendre ce bien ou ce service ; le marché est là pour simplifier et accélérer cette recherche.

2. Tout marché suppose un ou des produits. À la limite, nous pouvons dire qu'il y a autant de marchés que de produits. On peut parler d'un marché global : le tourisme ; on peut aussi parler du marché des transports aériens, du marché de l'hôtellerie et de celui de la restauration. On peut en outre opérer des clivages, par exemple : le marché de la haute cuisine et celui du *fast-food*. Il est certain qu'au niveau macroéconomique, il y a une procédure d'inclusion : le marché touristique « France » inclut le transport aérien, l'hôtellerie, la cuisine et les attractions touristiques.

3. Tout marché suppose des limites géographiques. Le marché de la restauration d'Aix-en-Provence ou de la ville de Québec peut lui aussi se subdiviser en quartiers, en rues. La dimension géographique va être déterminante dans l'analyse des coûts de transport ; la distance va jouer en créant des marchés distincts pour des produits identiques : on peut difficilement coucher à 100 ou 200 kilomètres plus loin à 10 heures du soir.

4. Le marché peut aussi être perçu comme un système d'information pour la firme (ou les firmes d'une même branche). Le marché transmet des signaux sur les coûts et les besoins des consommateurs, sur les produits et les actions de la concurrence ; il donne aussi des indications sur les coûts, sur les prix et sur les possibilités d'expansion (ou de régression).

---

31. Voir à ce sujet B. Guerrien, *La théorie néo-classique*, Paris, Économica, 1989.

LA CONCURRENCE IMPARFAITE

Avant d'être un lieu d'équilibre, le marché est surtout un lieu de tractations, de compétition et de conflits. Dans sa version pure, les échanges ne peuvent s'établir que dans un état de concurrence parfaite.

La concurrence parfaite se définit par quatre règles :

- *l'atomicité du marché : les vendeurs et les acheteurs doivent être suffisamment nombreux pour qu'aucun d'entre eux ne puisse exercer un contrôle direct sur les prix des produits ;*

- *l'entrée libre dans le marché : celui-ci doit être fluide et permettre la libre entrée (et sortie) des firmes sur le marché ;*

- *l'homogénéité des produits et services : ceux-ci doivent être considérés comme identiques par les acheteurs ;*

- *la transparence du marché : il doit y avoir une information quasi parfaite disponible pour tous.*

La concurrence pure et parfaite doit être considérée comme un idéal, un modèle de référence ; la plupart des marchés transgressent l'une ou plusieurs de ces règles. Dans le domaine du tourisme, pour beaucoup de secteurs, on assiste à des concentrations d'entreprises et certaines sont, dans certaines régions, en nette situation de dominance. L'hypothèse de fluidité est souvent battue en brèche ; sur certains marchés touristiques, par exemple dans l'hôtellerie, les barrières à l'entrée (et à la sortie) sont très élevées et sont des limites très sérieuses à une trop forte concurrence.

De plus, l'homogénéité des produits est quasiment inexistante ; en fait, les produits vont avoir tendance à être de plus en plus différenciés par une tentative de renforcement des images de marque en recourant à des campagnes publicitaires. En tourisme, l'information sérieuse est une denrée rare et coûteuse ; le marché est opaque et les signaux économiques sont mal lus ou ignorés.

Les structures des marchés touristiques correspondent soit à une concurrence monopolistique, soit à un oligopole ; dans tous les cas il s'agit d'une concurrence imparfaite ! Dans une partie de l'industrie touristique domine une concurrence monopolistique (la restauration bas de gamme, par exemple) avec un grand nombre de petites entreprises, des coûts faibles à l'entrée ; la concurrence va s'exercer à partir de la qualité des prestations, la différenciation des produits, la localisation, l'image de marque visant la fidélité de la clientèle.

L'autre partie de l'industrie touristique se caractérise par des situations d'oligopole. Il y a un petit nombre de compétiteurs et les barrières à l'entrée sont relativement élevées (les compagnies aériennes, par exemple). Les vendeurs sont en état d'interdépendance en ce sens que les actions d'une firme ont toujours un impact sur toutes les autres ; chaque entreprise doit donc prendre en compte les comportements des autres entreprises et tenter de prévoir leurs réactions (en matière de produit, de prix). L'oligopole doucereux (la quasi-entente entre les vendeurs) peut quelquefois se transformer en oligopole de combat, une guerre de tous contre tous, pour la conquête des marchés.

LA CLASSIFICATION DES MARCHÉS TOURISTIQUES

On peut classifier les marchés touristiques de façon pragmatique, en fonction :

1. de la dimension géographique, par exemple le marché local (moins de 5 kilomètres), le marché régional (de 1 à 100 kilomètres), le marché national (le pays), le marché international (le monde) ;

2. du produit touristique en tenant compte des niveaux de qualité ; par exemple, dans l'hôtellerie, on classifiera à partir du nombre d'étoiles ;

3. de la taille du marché : le nombre d'acheteurs et de vendeurs ;

4. des segments, à partir de variables démographiques et (ou) socioéconomiques, psychologiques ou politiques ;

5. de la capacité et de la force de négociation des vendeurs et des acheteurs. Cette analyse peut faire ressortir les dominants et les dominés ; donner « la carte du tendre » des offreurs et des demandeurs.

LES PRODUITS TOURISTIQUES

La notion de produit est d'habitude réservée à des biens tangibles. Définir l'offre touristique, à partir de produits, obéit à deux objectifs : le premier consiste à donner aux prestations touristiques un statut comparable à celui des biens industriels car le principal problème du tourisme est encore sa non-reconnaissance comme une industrie à part entière. Le deuxième objectif consiste à persuader ceux qui travaillent dans ce secteur que les biens et services touristiques ne sont pas « naturels » (comme le sont les destinations dans l'imaginaire collectif) mais sont des constructions, des montages qui doivent nécessairement s'insérer dans un plan d'ensemble du développement touristique.

Le produit touristique peut être défini comme « un ensemble d'éléments, tangibles et intangibles, qui procurent certains "bénéfices" recherchés par un ou plusieurs clients donnés[32] ». À partir de cette définition, on peut isoler certaines particularités des produits touristiques[33] :

1. les produits touristiques sont périssables dans le temps et il est impossible de les conserver (stocker); de plus, comme le signale D. Stavrakis, « quand il n'y a aucun client, on ne peut produire et à ce moment le prix de revient d'un service produit n'est pas égal au prix de revient d'un service vendu[34] »;

2. le consommateur peut bâtir lui-même sa consommation en agençant, à son gré, les différents éléments (transport, hébergement, restauration, activités);

3. le consommateur doit se déplacer afin d'utiliser les services choisis;

4. il y a un grand nombre d'intermédiaires entre le consommateur et le produit; ce grand nombre d'intervenants nuit au contrôle de la qualité et rend la gestion difficile.

Le produit touristique doit comporter des éléments essentiels qui constituent le noyau dur de ce qu'il a à offrir. Le premier élément est l'attraction touristique elle-même; elle peut prendre diverses formes : château de Versailles, plages de la Guadeloupe, chutes Niagara. Dean MacCannell[35] a bien montré qu'une attraction reconnue est le résultat d'un long processus de sacralisation; processus qui ne se fait pas au hasard et qui obéit à un code très précis[36].

Sans l'attraction et ses rituels, il n'y a pas de produit touristique possible.

Le deuxième élément est formé des infrastructures de base nécessaires pour la consommation du produit. Ainsi, le touriste doit pouvoir disposer de moyens de transport adéquats : compagnies aériennes, compagnies d'autocar et de taxi. Dans les infrastructures entrent aussi toutes les formes d'hébergement et de restauration.

32. G. Tocquer et M. Zins, *Marketing du tourisme*, Gaëtan Morin Éditeur, Québec, 1987, p. 152.

33. Voir à ce sujet D. Stavrakis, *Le phénomène touristique international*, Éditions d'Aujourd'hui, Paris, 1979, p. 212-219.

34. *Idem*, p. 215.

35. Voir à ce sujet D. MacCannell, *The Tourist. A New Theory of the Leisure Class*, Schocken Books, New York, 1976.

36. Voir à ce sujet M. Laplante, « Les attractions touristiques : un système à décoder », dans la revue *Téoros*, vol. 2, n° 2, Montréal, juin 1983.

Les activités d'animation constituent le dernier élément du produit touristique. L'animation peut être facilitée par certains équipements touristiques mais elle restera toujours liée à la sociabilité ; comme l'écrit Guy Gay-Para : « une politique d'animation peut prendre diverses formes. En tous les cas, elle consiste à "rapprocher les hommes", en offrant aux clients les possibilités et les occasions de voir du monde, de rencontrer du monde, de retrouver du monde[37] ».

Tous ces éléments qui forment le cœur même du produit touristique sont profondément imbriqués les uns dans les autres. En tourisme, il n'y a pas de cercle de services périphériques qui soit négligeable. Le moindre problème, à un niveau, se répercute sur les autres et nuit à la qualité globale de l'ensemble. Cette interdépendance étroite est à la fois un atout et une difficulté pour l'industrie touristique.

L'APPROCHE PRODUIT EN ACTION : LE CAS DU QUÉBEC

Depuis 1990, après une analyse serrée de la situation économique du tourisme, le gouvernement québécois a préparé un plan de marketing mettant de l'avant une approche produit du secteur touristique. Cette approche a permis de définir des axes de concentration des ressources et de mise en marché. L'objectif est un renforcement global de l'offre ; selon ce plan : « pour être plus distinctive et plus efficace en regard des marchés, l'offre doit être concentrée sur les produits cibles qui présentent le meilleur potentiel pour le Québec[38] ». En limitant le nombre de produits, on réduit la dispersion et l'on augmente l'efficacité de l'ensemble.

Dans ce plan de marketing, huit produits sont jugés prioritaires. Ce sont, par ordre d'importance :

1. Le produit grandes villes ; celui-ci est défini comme « un voyage effectué dans une grande ville où l'on peut faire des achats, visiter des musées, trouver diverses attractions, aller au restaurant, assister à des pièces de théâtre et des concerts, ou tout simplement flâner et découvrir les curiosités locales[39] ». C'est le produit où les voyages-personnes et les retombées économiques sont les plus élevés.

2. Les circuits : « le circuit est un voyage effectué en automobile ou en autocar ou train dans des régions renommées pour la beauté de leurs paysages ou

---

37. G. Gay-Para, *La pratique du tourisme*, Économica, Paris, 1985, p. 96.
38. Ministère du Tourisme du Québec, *Plan marketing 1990-1992*, Québec, 1990, p. 10.
39. *Ibidem*, p. 36.

présentant un intérêt culturel ou général[40]». Il s'agit d'un produit traditionnel très important pour le développement régional.

3. Le séjour de villégiature est habituellement un produit haut de gamme où les dimensions hébergement-restauration et animation doivent être de très bonne qualité. La clientèle possède un niveau d'éducation élevé et un revenu supérieur à la moyenne nationale.

4. Le produit congrès, qui est ici « un rassemblement de membres d'une association regroupant 50 personnes ou plus dans un établissement hôtelier ou un centre de congrès pendant plus de 24 heures[41]». Ce produit a un impact économique supérieur aux autres. Il engendre des recettes considérables et est moins touché par les fluctuations saisonnières.

5. Le ski alpin va jouer un rôle moteur durant la saison hivernale. Il crée annuellement près de 10 000 emplois, dont 2000 permanents. C'est un produit relativement luxueux qui attire surtout les jeunes.

6. La chasse et la pêche. Le Québec possède des forêts giboyeuses et des milliers de lacs et de rivières. Ce circuit est surtout commercialisé dans les « pourvoiries », ces entreprises qui offrent, contre rémunération, de l'hébergement et des services ou de l'équipement pour la pratique, à des fins récréatives, des activités de chasse, de pêche ou de piégeage. On compte près de 600 pourvoiries au Québec.

7. La motoneige est un produit hivernal très particulier ; il existe au Québec 24 500 kilomètres de sentiers aménagés. Ce produit attire surtout les ouvriers spécialisés. Les circuits touristiques en motoneige pourraient connaître un essor important.

8. Enfin, le produit aventure qui consiste en une activité physique se déroulant dans un milieu naturel. L'éventail des activités est très large. Le Québec est un milieu unique pour exercer cette forme de tourisme. C'est un produit en forte expansion mais qui touche un segment assez réduit de visiteurs.

Le terme de produit touristique permet une meilleure définition de l'offre. Il facilite aussi le classement des divers éléments qui forment cette offre. De plus, le produit touristique est plus facile à comprendre et à commercialiser, à vendre[42].

---

40. *Ibidem*, p. 48.

41. *Ibidem*, p. 73.

42. Voir à ce sujet F. Potron, « Le produit touristique en question », dans la revue *Espace*, n° 94, Paris, octobre-novembre 1988.

2. STRATÉGIE ET MARCHÉS TOURISTIQUES

Pour l'économie traditionnelle, c'est le marché qui dicte (la main invisible affecte les acheteurs et les vendeurs) aux entreprises les décisions à prendre pour la survie et le développement des entreprises. L'économie appliquée tente d'intégrer des facteurs qualitatifs liés à l'organisation de l'entreprise dans l'analyse des mécanismes de la prise de décisions. Il s'agit de sortir d'un rationalisme figé et de favoriser une connaissance empirique des actions des entreprises[43].

L'étude des stratégies d'entreprise est une bonne façon d'acquérir cette connaissance empirique. On peut définir la stratégie comme la formulation des orientations fondamentales de l'entreprise ; elle repose sur le postulat que l'entreprise est capable d'agir sur son environnement et de prendre les meilleures décisions pour son développement. La stratégie de la firme s'établit à plusieurs niveaux : au plan interne, elle peut s'exercer sur les finances, la gestion du personnel et, au plan externe, sur les prix, la politique commerciale. La stratégie d'ensemble doit voir à intégrer ces différents niveaux.

La démarche stratégique commence par un diagnostic sur la situation économique de la firme ; ce diagnostic est suivi d'une analyse serrée de la concurrence et de l'élaboration des stratégies possibles. La dernière étape consiste à définir les marchés cibles et le meilleur positionnement pour atteindre ces marchés.

LA SITUATION ÉCONOMIQUE DE L'ENTREPRISE

En dehors de l'étude des coûts et des prix (que nous verrons plus loin), on peut tracer un portrait réaliste de la situation de l'entreprise par une première analyse des activités mêmes de la firme. La méthode BCG (du nom des inventeurs, le Boston Consulting Group) prend en considération la part de marché et le taux de croissance du secteur (ou sous-secteur) étudié. La matrice du BCG apparaît dans la figure 10.

---

43.   Voir à ce sujet P. Lorino, *L'économiste et le manageur*, Éditions La Découverte, Paris, 1989.

Figure 10

PRÉSENTATION MATRICIELLE DES ACTIVITÉS DE L'ENTREPRISE SELON LA MÉTHODE DU BCG

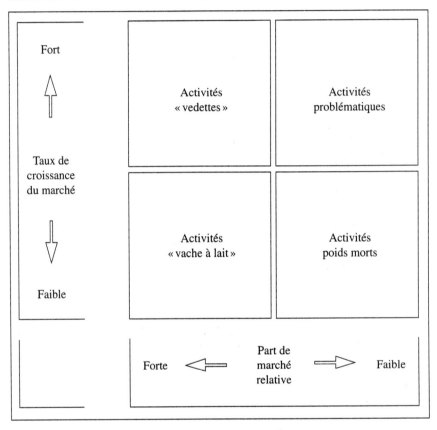

Les activités vedettes regroupent celles qui sont en forte croissance mais exigent des sommes importantes pour financer cette croissance. Ce sont des activités qu'il faut maintenir car elles seront intéressantes dans l'avenir. Les vaches à lait représentent des activités ayant une croissance faible mais une forte part de marché relative ; ces activités en général ne coûtent pas cher et rapportent beaucoup. Elles sont en déclin mais peuvent servir à subventionner pendant un certain temps d'autres activités.

Les activités problématiques ont une croissance forte mais une part de marché relative assez faible. Dans ces cas, la firme doit faire un choix, abandonner carrément ces produits ou investir dans leur développement. Enfin, les activités poids morts ont une croissance faible et une part de marché réduite. Il faut donc, si cela est possible, s'en débarrasser.

L'objectif de ce diagnostic pour l'entreprise est de faire une classification de ses propres produits et d'évaluer leur rentabilité globale. Elle permet aussi d'atteindre un certain équilibre dans les activités (produits) multiples de l'entreprise, et ce, en encourageant à faire ce que l'on sait bien faire et à avoir une perception plus réaliste de ses capacités. Cette méthode est simple et peut être appliquée à tous les secteurs du tourisme[44].

Une autre approche est de tenter de cerner le cycle de vie du produit principal (ou de chacun des produits). Ici on fait l'hypothèse que le développement d'un produit comprend plusieurs stades : démarrage, croissance, maturité et déclin. R. Butler a adapté cette approche au tourisme[45].

Figure 11

LE CYCLE DE VIE DU PRODUIT TOURISTIQUE SELON R. BUTLER

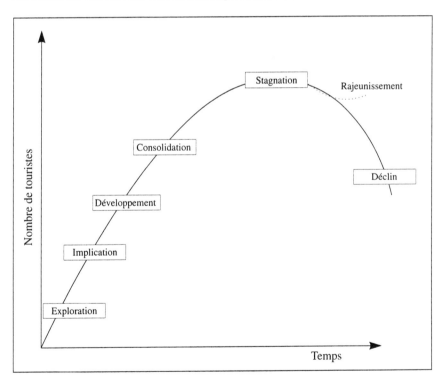

---

44.   Voir des exemples dans J. Sigaud, *Hôteliers-restaurateurs : les principes d'une bonne gestion*, Les Éditions d'Organisation, Paris, 1989, p. 26-27.

45.   Voir à ce sujet R. Butler, « The Concept of a Tourism Area Cycle of Evolution Implication for Management of Resources », dans la revue *Canadian Geographer*, vol. 24, n° 1, Ottawa, 1980.

Les diverses étapes du développement d'un produit peuvent être étudiées dans le temps ; dans la figure 11, nous avons six grandes étapes de ce développement.

Dans la première étape, il s'agit d'explorer les possibilités du produit ; la deuxième étape, l'implication, suppose une décision consciente et mûrement réfléchie d'investir. Dans la troisième phase du processus, il y a une croissance soutenue de la demande, qui est suivie d'une période de consolidation des acquis. Ensuite viennent les phases de stagnation du produit, de son vieillissement et de son déclin. L'auteur du modèle prévoit la possibilité que le produit puisse connaître un nouveau départ ; ce rajeunissement peut correspondre à un changement dans les goûts du public ou (et) à une transformation radicale du produit initial. Il faut noter que ce modèle s'applique difficilement aux destinations touristiques[46].

Le modèle général du cycle de vie du produit touristique n'est qu'une simplification de la réalité observée. Ce schéma ne peut s'appliquer à tous les produits touristiques ; de plus, beaucoup de variantes peuvent exister selon le type de produit, sa dispersion géographique, etc. Certains produits ne connaîtront pas toutes les phases mentionnées plus haut ; par exemple, un produit peut passer directement du stade du développement au stade du déclin. Un autre type de produit (c'est plus rare) peut connaître, après la phase de consolidation, des périodes de relances successives qui en feront un produit en constante expansion. Ainsi, à partir du modèle général, plusieurs cas de figure sont possibles.

Le modèle général du cycle de vie du produit touristique est une façon de prévoir les changements économiques et sociaux et, à ce titre, fait partie intégrante de la gestion prévisionnelle de l'entreprise touristique. Il faut bien comprendre que le tourisme est en évolution constante et que chacun des produits connaîtra un jour ou l'autre une limite à son expansion. Les phases du cycle de vie de chacun des produits permettent d'évaluer (en termes de probabilité) ces limites.

L'ANALYSE DE LA CONCURRENCE ET LES STRATÉGIES POSSIBLES

Après l'étude des principaux produits de la firme, il est nécessaire de formuler une analyse de la concurrence actuelle et future. On doit établir un portrait le plus ressemblant possible de nos concurrents et scruter à la

---

46.   Voir à ce sujet D. Choy, « Life Cycle Models for Pacific Island Destinations », dans la revue *Journal of Travel Research*, vol XXX, n° 3, Boulder (Colorado), 1992.

loupe leurs produits, leurs stratégies de vente, leurs objectifs à court terme et à long terme. Il faut essayer de discerner leurs forces et surtout leurs faiblesses.

Face à la concurrence, plusieurs stratégies sont possibles[47] :

1. La stratégie d'imitation : il peut être intéressant, dans certains cas, d'imiter les bons côtés de nos concurrents ; cette stratégie diminue les coûts de recherche et d'adaptation. Elle a quand même des inconvénients majeurs ; les clients peuvent préférer l'original à la copie.

2. La stratégie de différenciation, qui consiste à proposer un produit original très différent des autres produits sur le marché. Dans le domaine du tourisme, on doit nécessairement faire appel à des courants culturels nouveaux et à des styles de vie plus authentiques et exclusifs.

3. La stratégie d'innovation suppose que l'on propose un produit similaire à ceux déjà existants mais avec une nouvelle présentation, un nouveau cachet. Il s'agit, la plupart du temps, de nouvelles combinaisons dans les éléments du produit (un forfait, par exemple).

LES MARCHÉS CIBLES

À partir de la stratégie adoptée, on doit choisir les marchés cibles adéquats. Ces marchés cibles peuvent être des segments particuliers qui sont choisis en fonction :

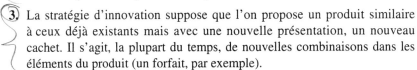

- *de leur volume ;*
- *des possibilités de croissance à moyen et à long terme ;*
- *des investissements à faire en fonction de la commercialisation, de la publicité, etc.*

À titre d'exemple, le plan de marketing du Québec proposait trois grands marchés cibles : les marchés primaires, secondaires et tertiaires[48]. Les marchés primaires sont les plus importants du point de vue du volume ; ils fournissent 65 % de l'ensemble des nuitées. Ce sont aussi des marchés de proximité, qui regroupent les régions du Québec, de l'Ontario et du Nord-Est des États-Unis (Nouvelle-Angleterre et Centre-Atlantique). Près de 70 % des ressources publicitaires seront affectées à ces marchés.

Les marchés secondaires réunissent les marchés ayant connu une croissance régulière depuis plusieurs années. Ce sont des marchés plus

47. Voir à ce sujet A. Dayan (et autres), *Marketing*, PUF, Paris, 1985.
48. Voir à ce sujet Ministère du Tourisme du Québec, *Plan marketing 1990-1992*, Québec, 1990.

faibles en volume mais ayant un fort potentiel de croissance à moyen terme. Ils incluent les marchés du Sud (près de l'Atlantique) et du Nord-Est des États-Unis, ainsi que de la France. Le ministère du Tourisme compte investir 25 % des ressources publicitaires dans ces marchés.

Enfin, nous avons les marchés tertiaires, qui pourraient connaître un développement intéressant à plus long terme. Il s'agit des marchés de la Californie, du Japon, de l'Allemagne et de la Grande-Bretagne. Près de 5 % des budgets seront orientés vers eux. Cette démarche obéit à l'approche par cercles concentriques; les marchés primaires forment le premier cercle, le noyau dur des clientèles. Les marchés secondaires représentent le deuxième cercle, des clientèles plus lointaines, encore peu nombreuses mais déjà sensibilisées aux produits offerts. Les marchés tertiaires sont dans le troisième cercle, le plus lointain et le plus fragile et qui exigera de longs efforts de rapprochement.

LE POSITIONNEMENT SUR LES MARCHÉS

On peut définir le positionnement comme «la position qu'occupe le produit dans la représentation perceptuelle du consommateur par rapport aux produits concurrents. Ce positionnement est créé de façons diverses par le produit lui-même, par les méthodes de distribution, par le prix et les campagnes de promotion personnelle et impersonnelle, qui instaurent des éléments de différenciation avec les produits concurrents[49]». Se positionner signifie créer une différence, un écart, un petit quelque chose de plus qui donne une «aura» à un produit et entraîne l'adhésion du client.

Ce positionnement va varier selon les marchés cibles choisis. Par exemple, dans le Plan de marketing du Québec, le positionnement face aux marchés ontariens et américains va surtout insister sur les caractéristiques principales du Québec en Amérique du Nord : la langue et la culture française, la bonne cuisine et la joie de vivre, etc.

Pour les marchés européens, le positionnement s'inspirera de la nature de l'accessibilité à de grands espaces, à la proximité des cultures autochtones. Le positionnement vise à identifier clairement les produits à vendre, à les distinguer des autres d'une façon significative, de manière à attirer tous les clients possibles. Son rôle est de garantir un avantage concurrentiel dans la lutte pour les marchés touristiques.

---

49. M. Filion, F. Colbert *et al.*, *Gestion du marketing*, Gaëtan Morin Éditeur, Québec, 1990, p. 235.

Les marchés et les produits touristiques 53

3. ÉVOLUTION ET PROSPECTIVE DES MARCHÉS TOURISTIQUES

À la question « Quels seront les marchés touristiques dominants dans le futur ? », deux réponses peuvent être données : une, quantitative, portant sur la demande actuelle, une, qualitative, portant sur la demande potentielle future. La première réponse porte sur le court terme (les cinq prochaines années). La seconde s'appuie sur le moyen terme (les dix prochaines années) et le long terme (les vingt prochaines années) : pour ces périodes, trop de variables socioéconomiques et politiques risquent de se modifier sérieusement pour que les prévisions quantitatives soient encore valables. Il faut alors utiliser une approche prospective des futurs marchés touristiques.

L'ÉVOLUTION RÉCENTE

Pour cerner l'évolution récente, on peut observer les parts de marché entre deux périodes et considérer le taux de croissance annuel. Nous allons donner deux exemples, celui des grandes régions du monde et celui de la France. La situation touristique mondiale apparaît dans le tableau 14.

Tableau 14

LES ARRIVÉES DE TOURISTES EN PROVENANCE DE L'ÉTRANGER
POUR LES GRANDES RÉGIONS DU MONDE ; LES PARTS DE MARCHÉ
ET LE TAUX D'ACCROISSEMENT ANNUEL MOYEN DE 1987 à 1992

Régions du monde	Parts du marché mondial en %			Taux d'accroissement annuel moyen* de 1987 à 1992 en %
	En 1987	En 1992	Gains ou pertes en %	
Afrique	2,8	3,6	+28,6	11,2
Amériques	19,0	21,4	+12,6	8,4
Asie de l'Est et Pacifique	10,5	12,2	+16,2	8,8
Europe	64,9	60,4	−6,9	4,2
Moyen-Orient	1,9	1,5	−21,0	0,8
Asie du Sud	0,9	0,9	0,0	3,9

* Moyenne géométrique.
Source : OMT.

On constate, dans ce tableau, une augmentation des parts de marché de l'Afrique, des Amériques et de l'Asie de l'Est, et une diminution pour l'Europe et le Moyen-Orient. Les positions de l'Asie du Sud restent inchangées.

Dans la plupart des régions, les taux d'accroissement sont intéressants (à l'exception du Moyen-Orient). Il y a de bonnes chances pour que cette progression se maintienne dans le court terme (les cinq prochaines années). Le paysage mondial va changer d'une façon lente et imperceptible (toutes choses étant égales par ailleurs). De cette façon, on peut s'attendre à ce que l'Europe ne possède « que » 50 % du marché mondial en l'an 2000.

La situation du tourisme en France semble un peu paradoxale (voir le tableau 15).

*T*ableau 15

**LES ARRIVÉES DE TOURISTES ÉTRANGERS AUX FRONTIÈRES DE LA FRANCE ;
LES PARTS DE MARCHÉ ET LES TAUX D'ACCROISSEMENT ANNUEL MOYEN
DE 1985 À 1990**

Régions du monde	Pays	Parts de marché en %			Taux d'accroissement annuel moyen* de 1985 à 1990 en %
		En 1985	En 1990	Gains et pertes*	
Europe	Allemagne	23,7	22,8	−3,8	6,7
	Italie	7,2	10,6	+47,2	16,4
	Pays-Bas	9,9	7,5	−24,2	1,8
	Espagne	2,2	6,0	+172,3	26,4
	Royaume-Uni	16,0	13,8	−13,7	4,6
	Total Europe	82,0	60,8	−25,8	1,4
Amérique du Nord	Canada et États-Unis	8,9	3,9	−56,1	−8,6
Australie et Japon	Australie, Nouvelle-Zélande et Japon	2,4	1,4	−41,6	−2,9
OCDE	Total OCDE	93,2	66,1	−29,0	1,0
Reste du monde	Total reste du monde	6,8	33,9	398,5	48,6

* Croissance, décroissance (taux d'accroissement).

Des pertes importantes sont subies dans les marchés traditionnels européens : Royaume-Uni, Pays-Bas, Allemagne, avec une percée en Espagne et en Italie. Dans l'ensemble, pour cette période, on constate une baisse des clientèles européennes de −25,8 %. On voit aussi une saignée pour l'Amérique du Nord (−56,1 %) et l'Australie-Japon (−41,6 %). Les clientèles des pays avancés (OCDE) ont baissé de −29 % entre 1985 et 1990.

Le marché des touristes du « reste du monde » est passé de 6,8 % à 33,9 %, un taux de croissance de 398,5 % quant aux parts du marché et un taux de croissance annuel de 48,6 % de ce segment. Pour l'ensemble des touristes étrangers en France, le taux de croissance annuel est de 7,7 %.

En 1991, la France était au premier rang des destinations pour les arrivées de touristes internationaux[50]. Ainsi, le tourisme serait devenu, selon l'expression de Michel Godet, « la première industrie de France[51] ». Cette primauté pose aussi certains problèmes ; selon Yves Tinard, « l'existence d'un excédent touristique n'est acceptable qu'autant qu'il ne perdure pas dans le temps. Dans le cas contraire, n'est-ce pas l'aveu pour un pays de son incapacité à développer à terme une politique industrielle lui permettant d'enregistrer des soldes extérieurs satisfaisants[52] ? »

LA PROSPECTIVE

Il faut percevoir la prospective comme une connaissance qualitative de l'avenir ; elle s'établit à partir, selon l'expression de Bertrand de Jouvenel, de « conjectures ». Une « conjecture » est « une construction intellectuelle d'un futur vraisemblable[53] ». La prospective tente d'avoir une vision d'ensemble d'un grand nombre de tendances économiques et sociales. Elle vise à créer des passerelles entre le passé, le présent et l'avenir. On peut aussi définir la prospective, dans les termes d'un de ses fondateurs, Gaston Berger, comme « une attitude d'esprit » obéissant à quatre principes : « voir loin, voir large, analyser en profondeur, prendre des risques[54] ».

---

50. Voir à ce sujet *Le tourisme en 1992, points saillants*, OMT, Madrid, janvier 1993.

51. M. Godet, « Le tourisme, première industrie de France », dans la revue *Futuribles*, n° 172, Paris, janvier 1993, p. 45.

52. Y. Tinard *et al.*, *Le tourisme, économie et management*, McGraw-Hill, Paris, 1992, p. 69.

53. B. de Jouvenel, *L'art de la conjecture*, Sédéis, Paris, 1972, p. 32.

54. G. Berger, *Phénoménologie de la prospective*, PUF, Paris, p. 275.

Une prospective du tourisme (pour l'étude de l'évolution des marchés) devra se baser sur une analyse des tendances générales. Ainsi, Michel Godet définit onze tendances très probables[55] :

1. des déséquilibres démographiques et des flux migratoires Sud-Nord ;
2. des menaces sur l'environnement physique et l'héritage négatif de la croissance passée ;
3. un décor international déréglé et turbulent ;
4. une croissance lente, irrégulière, inégale et interdépendante ;
5. de nouveaux renchérissements énergétiques ;
6. l'irruption de nouvelles technologies : une nouvelle donnée compétitive ;
7. la déréglementation associée à de nouvelles réglementations internationales et communautaires ;
8. une compétition économique à l'échelle mondiale où les États jouent un rôle clé ;
9. la chute des emplois industriels et la marée montante des services ;
10. la crise de l'État protecteur ;
11. de nouvelles formes d'exclusion.

Nous ne pouvons faire ici l'analyse des impacts de ces tendances sur le tourisme et ses marchés (ce serait la matière d'un gros volume). Donnons seulement un exemple : le principal déséquilibre démographique des sociétés occidentales est le vieillissement des populations. Ce phénomène a et aura d'importantes conséquences, dans les dix ou vingt prochaines années, sur l'évolution des marchés touristiques. On peut s'attendre à l'accroissement d'activités et de services touristiques adaptés aux besoins des personnes âgées (sports moins exigeants pour l'organisme, alimentation différente, surveillance médicale, etc.).

Une prospective touristique pourrait faire ressortir pour les tendances citées (et pour d'autres aussi) :

1. les sous-tendances : c'est-à-dire les effets empiriques de la tendance principale ;
2. les éléments structurants, qui regroupent les variables qui ont une certaine inertie et vont contribuer au renforcement de la tendance initiale ;
3. les éléments déstructurants, qui sont des variables pouvant provoquer une (ou des ruptures) dans l'évolution de la tendance (ou des sous-tendances) ;

---

55.   M. Godet, *L'avenir autrement*, Armand Colin, Paris, 1991, p. 166.

4. ensuite, en fonction des étapes 1, 2 et 3, il faut dégager les « faits porteurs d'avenir », qui sont la synthèse de la démarche et le résultat de la confrontation entre les éléments structurants et les éléments déstructurants.

Dans l'approche prospective, on peut aussi élaborer des scénarios prospectifs qui tentent de tracer de façon concrète l'évolution future à partir de l'analyse prospective décrite plus haut. Selon Georges Cazes, « réintroduire la prospective sociale et politique générale dans des stratégies touristiques souvent mal formulées et, de toute façon, à très court terme, enrichirait considérablement la réflexion, fréquemment fondée sur de schématiques extrapolations prévisionnelles[56] ».

L'étude prospective de l'évolution de marchés peut aussi partir de tendances touristiques déjà observables ; par exemple, pour la France, on remarque dans le tableau 15 une forte progression des clientèles en provenance de l'Italie et de l'Espagne. Cette évolution semble résulter de l'enrichissement collectif et du développement subséquent des classes moyennes supérieures. Un phénomène similaire peut émerger, à moyen et à long terme, dans certaines parties du monde (Amérique latine, Asie, ex-URSS, etc.). Une étude prospective intéressante pourrait être faite sur ces clientèles potentielles[57].

---

56. G. Cazes, « Les exigences de la prospective touristique : une réflexion difficile mais indispensable », *La liberté de voyager en l'an 2000*, rapport au 42ᵉ Congrès de l'AIEST, Éditions AIEST, vol. 34, Paris, 1992, p. 151.

57. Voir à ce sujet I. Pontcharra, « Marketing 2000 : vision prospective », dans *Les Cahiers d'Espaces*, nᵒ 18, Paris, avril 1990.

Chapitre 4

L'entreprise touristique

On peut classifier les entreprises à partir de certains critères. Le plus large est celui du secteur économique des activités des entreprises ; la plupart des entreprises touristiques se retrouvent dans le secteur tertiaire. L'entreprise se définit aussi par ses objectifs explicites ou implicites. Enfin, nous pouvons évaluer les entreprises selon leur niveau de productivité.

1. L'ENTREPRISE TOURISTIQUE : UNE ENTREPRISE DE SERVICES

Les trente dernières années sont marquées par la croissance soutenue du secteur des services. Dans la plupart des pays avancés, le secteur tertiaire regroupe entre 65 % et 75 % de l'emploi total. Jean Gadrey[58] distingue trois types de tertiaire :

- *un tertiaire à « croissance lente » : le commerce, les transports et les communications ;*
- *un tertiaire à « croissance explosive » : celui des services marchands, aux ménages et aux entreprises ;*
- *un tertiaire à croissance régulière : celui des services non marchands (hors santé publique). Il s'agit donc d'un tertiaire à trois vitesses.*

Les services marchands vendus aux entreprises sont très variables : ce sont les services d'ingénierie, les services juridiques et de comptabilité, la publicité et les relations publiques, etc. Les services marchands rendus aux ménages sont eux aussi très variés : ils incluent les services de santé, diverses réparations d'appareils, les services récréatifs, les services de nettoyage, etc.

La forte expansion de la demande de services de la part des entreprises est liée à la complexité de plus en plus grande du système économique et de sa mondialisation. En ce qui a trait aux ménages, la demande des services dépend surtout de la croissance des revenus et des changements démographiques.

On a l'habitude de définir un service en fonction de trois caractères :

1. le service est intangible, il est immatériel ;
2. le service demande un contact direct entre le client et le prestataire (c'est-à-dire l'entreprise) ;
3. le service est inséparable de sa production même ; il doit être consommé sur place et ne peut être « stockable ».

---

58. J. Gadrey, *L'économie des services*, Éditions La Découverte, Paris, 1992, p. 10.

En réalité, il faut voir chacun des services dans un continuum[59] :

Pour « l'économie du self-service[60] », l'opposition entre bien et service est un faux problème ; en restauration, un buffet est-il un bien ou un service ? La substitution bien/service peut se faire dans à peu près tous les domaines de la vie quotidienne (c'est vrai aussi pour l'entreprise) ; ainsi, on peut décider de dîner au restaurant ou à la maison, d'utiliser une aide ménagère ou de faire le ménage soi-même, etc.

Dans une certaine mesure, si les gens disposent de peu de temps et de revenus élevés, ils vont surtout consommer des services ; s'ils disposent de beaucoup de temps et de revenus faibles, ils vont surtout consommer des biens (magnétoscope, four à micro-ondes). Par exemple, pour l'hébergement de vacances, on peut choisir d'acheter un équipement de camping ou d'aller à l'hôtel.

Pour l'entreprise touristique, les principales caractéristiques des services doivent être perçues comme des obstacles à surmonter. L'intangibilité du produit touristique peut être atténuée par une information juste et de qualité sur ce produit. Des informations précises et simples peuvent atténuer l'angoisse de l'acheteur ; certains moyens audiovisuels (photos, films) peuvent rendre plus tangible le produit vendu.

Tous les intervenants touristiques doivent être sensibilisés à l'importance d'établir des relations chaleureuses avec les touristes ; les ressources

59.   Voir à ce sujet P. Filiatrault, *La planification du marketing touristique : un outil de gestion*, Éditions Téoros, Fascicule nᵒ 5, Université du Québec à Montréal, décembre 1988 ; et aussi L. Mullins, « The Hotel and the Open System Model of Organisational Analysis », dans la revue *The Service Industries Journal*, vol. 13, nᵒ 1, London, 1993.

60.   Voir à ce sujet J. Gershuny, *After Industrial Society ? The Emerging Self-Service Economy*, MacMillan, Londres, 1978.

humaines sont l'élément clé dans l'établissement des contacts avec les touristes, et chacun des maillons du système touristique joue un rôle à cet égard. Il faut se dire que « le personnel fait partie de l'offre ».

Enfin, et c'est peut-être le plus difficile, il est primordial d'associer le client à chacune des prestations touristiques ; il faut s'arranger pour que celui-ci participe intensément aux différents choix des éléments d'un voyage, qu'il se sente partie prenante dans l'animation et le déroulement des activités. Des recherches sur les comportements touristiques pourraient aider l'industrie à mieux intégrer les touristes à la conception et à la gestion des produits.

Certains éléments symboliques peuvent réduire l'intangibilité, faciliter les contacts et accroître la fidélité des clientèles. Ainsi, dans certains cas, la renommée d'un établissement (la marque de commerce) peut atténuer le manque de confiance et rendre plus tangible le produit touristique. Mais cette renommée est elle-même le résultat d'un processus qualitatif qui demande beaucoup de temps et d'énergie.

À long terme, l'industrie touristique (les autres industries aussi) va tendre à automatiser, sous une forme quelconque de self-service, la partie la plus simple du service (certaines informations de base, par exemple) ; la partie du service liée à la recherche, à la communication et aux conseils spécifiques prendra une plus grande importance et devra être préparée avec le plus grand soin. Il y aura donc un fractionnement entre les services élémentaires (rendus par des systèmes informatiques ou autres) et les services supérieurs rendus par des spécialistes très bien formés.

2. LES OBJECTIFS DE L'ENTREPRISE TOURISTIQUE

La microéconomie classique fait l'hypothèse que toutes les firmes visent essentiellement la maximisation des profits (c'est-à-dire l'effet de chacune des décisions sur les bénéfices). Cette hypothèse semble de plus en plus contestée. Les objectifs de l'entreprise peuvent varier considérablement en fonction de :

- *sa taille ;*
- *ses marchés au plan géographique ;*
- *son type de propriété ;*
- *sa propre histoire.*

Ces objectifs peuvent aussi se transformer selon la période consi-dérée : court terme, moyen terme, long terme.

Le principal intérêt de l'hypothèse de maximisation des profits est qu'elle donne un moyen de comprendre et de prévoir les principales déci-sions de l'entreprise. Les études empiriques semblent indiquer que les entreprises fonctionnent à partir d'une «rationalité limitée». La plupart du temps, les entreprises prennent des décisions sans avoir le minimum d'information nécessaire ; cette situation entraîne un haut niveau d'incer-titude. Dans ce cas, «la décision doit donc renoncer à l'optimum et se contenter de viser une solution satisfaisante, c'est-à-dire un sous-optimum satisfaisant à un certain seuil de gain[61]».

La plupart des entreprises touristiques ne peuvent, dans chaque cas, rechercher «la» décision optimale ; elles sont, surtout dans les périodes de crise, absorbées par leur propre survie. La solvabilité est souvent le seul objectif que ces entreprises peuvent connaître à court terme.

Dans les faits, la majorité des entreprises ont des objectifs assez vagues ; l'absence d'objectifs clairs a un effet négatif sur la prise de déci-sion. Sans rechercher une optimalité totale, elles doivent se fixer des objectifs de performance par période de temps.

Dans le court terme, l'entreprise peut se fixer un taux raisonnable de croissance ; l'information sur les marchés est relativement sûre. La con-naissance de la demande et des coefficients d'élasticité permettra d'attein-dre en tout ou en partie ces objectifs.

En même temps, dans le moyen terme, l'entreprise peut agir (selon son niveau de performance) sur les prix ; une baisse de prix peut accroître les barrières à l'entrée et réduire la concurrence directe. En augmentant la qualité des équipements et des produits, la firme peut aussi augmenter les barrières à la sortie et éloigner des concurrents potentiels. Pour le moyen terme, l'entreprise doit en profiter pour différencier ses produits au maxi-mum et imposer son image de marque.

L'entreprise touristique se doit d'avoir des objectifs à long terme, qui devront être orientés vers la recherche de nouveaux produits. L'inno-vation peut se faire à partir de l'amélioration qualitative des produits exis-

---

61.   P. Lorino, *L'économiste et le manageur*, Éditions La Découverte, Paris, 1989, p. 114.

tants. Elle peut résulter d'une étude attentive de ce qui se fait ailleurs, chez les concurrents d'ici ou d'autres régions (ou pays). Enfin, la firme peut créer de nouveaux produits et les intégrer à la gamme des produits qui existent déjà.

L'entreprise peut aussi établir parallèlement des objectifs qualitatifs touchant son propre fonctionnement :

- *élaborer ou améliorer la stratégie commerciale ;*

- *favoriser une meilleure formation du personnel de contact (et des autres catégories de travailleurs) ;*

- *formuler des objectifs qualitatifs ou quantitatifs de performance pour les relations de travail, les rapports avec les fournisseurs et les autres entreprises impliquées dans les produits vendus ;*

- *améliorer la gestion globale.*

Ces objectifs devront être hiérarchisés et soumis à un suivi. À période fixe, ils seront revus et redéfinis en tenant compte de l'évolution économique, sociale et politique et de la situation globale de l'entreprise.

3. L'ORGANISATION DU TRAVAIL ET LA PRODUCTIVITÉ

La productivité du travail a augmenté de façon fulgurante depuis une cinquantaine d'années. Le maintien et la croissance du niveau de vie dépendent étroitement de l'accroissement constant de la productivité. La productivité peut se définir comme une augmentation de la production, pour une période donnée, qui résulte de l'emploi de certains facteurs de production bien définis.

La productivité peut donc se mesurer par le rapport :

$$\text{Productivité} = \frac{\text{Production totale}}{\text{Facteurs de production}}.$$

Les facteurs de production utilisés sont habituellement une combinaison quelconque du capital, du travail et de la technologie. Dans les pays développés, les facteurs capital et technologie sont, dans les entreprises, à peu près équivalents ; c'est donc le facteur travail, l'organisation du travail, qui fait la différence.

Nous nous intéresserons ici à la productivité du travail, donc au rapport :

$$\text{Productivité du travail} = \frac{\text{Production totale}}{\text{Nombre d'employés}}.$$

Les principaux éléments qui influencent la productivité sont :

- *internes à l'entreprise : la technologie utilisée, l'organisation du travail, le niveau de formation et le style de gestion des ressources humaines ;*

- *externes à l'entreprise : le type et le volume de production de la branche, la situation conjoncturelle locale, nationale et mondiale.*

En principe, l'entreprise a peu de prise sur les éléments externes ; son action doit donc s'orienter vers les éléments internes qui déterminent la productivité.

LA PRODUCTIVITÉ MARGINALE DU TRAVAIL

L'étude des phénomènes économiques « à la marge » est à la base même de l'économie néo-classique mise de l'avant par des économistes célèbres tels que : Léon Wabras, Stanley Levon et Carl Menger[62]. L'école marginaliste, apparue vers 1900, s'intéresse surtout aux variations relatives de la production et de la consommation. Selon cette théorie, il ne faut pas s'arrêter à la production totale ou à la production moyenne par travailleur mais il faut surtout considérer la production marginale du travail, car c'est elle qui doit déterminer la rémunération.

En fait, l'étude de la productivité marginale du travail, c'est l'analyse des rendements décroissants. Selon cette loi, à court terme, si la firme accroît un facteur de production (les autres facteurs n'étant pas modifiés) pendant un certain temps, il se produira une baisse de la productivité moyenne et surtout de la productivité marginale. L'utilité marginale du travail est l'accroissement de production qui résulte de la dernière unité de travail utilisée.

Nous pouvons illustrer cette productivité marginale par un exemple.

---

62. Il s'agirait d'un véritable paradigme pour l'économie ; voir à ce sujet J. Boncœur et H. Thouement, *Histoire des idées économiques*, tome II, Nathan, Paris, 1992, chapitre 1.

T*ableau 16*

ÉTUDE THÉORIQUE DE LA PRODUCTIVITÉ MARGINALE DU TRAVAIL
DANS UN CENTRE DE RÉSERVATION TOURISTIQUE

1	2	3	4
Employés	Réservations	Production moyenne par employé	Productivité marginale du travail
1	200	200	200
2	440	220	240
3	700	233	360
4	1000	250	300
5	1100	220	100
6	1190	198	90
7	1200	171	20
8	1205	150	5

Dans le tableau 16, nous avons :

- *dans la colonne 1, le nombre d'employés ;*

- *dans la colonne 2, le nombre de réservations traitées (selon le nombre d'employés) ;*

- *dans la colonne 3, la production moyenne par employé (soit la colonne 2 divisée par la colonne 1) ;*

- *enfin, dans la colonne 4, nous avons la productivité marginale du travail qui apparaît dans le traitement supplémentaire des réservations selon le nombre d'employés ; dans la colonne 4, à la deuxième ligne, nous avons le chiffre 240, qui correspond (dans la colonne 2) à 440 – 200.*

Nous pouvons interpréter ce tableau à partir de la figure 12.

Nous remarquons que le nombre de réservations croît assez rapidement et atteint un palier. La production moyenne par employé augmente puis diminue graduellement ; la productivité marginale est croissante dans un premier temps, puis rapidement décroissante. La productivité marginale démontre que l'ajout d'un employé accroît la production, mais que, rendu à un certain point, l'effet d'un employé additionnel devient de plus en plus faible ; le rendement tend à décroître avec l'augmentation graduelle du nombre d'employés.

*F*igure 12

ÉTUDE THÉORIQUE DE LA PRODUCTIVITÉ MARGINALE DU TRAVAIL
DANS UN CENTRE DE RÉSERVATION TOURISTIQUE

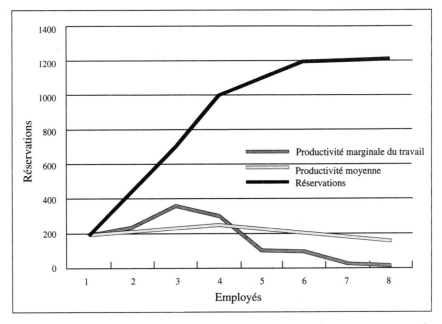

Nous voyons aussi que l'on obtient une production moyenne maximum de 250 réservations lorsque le responsable engage quatre employés ; cela veut dire que, à ce point, un employé supplémentaire ajoute plus à la production totale (les réservations) que tous les autres précédents. La courbe de productivité moyenne va donc croître jusqu'à ce point (4 employés). On constate que, lorsque la productivité marginale devient inférieure à la productivité moyenne, la courbe de productivité marginale rejoint la courbe de productivité moyenne ; à ce moment, la courbe de productivité moyenne va entamer sa décroissance.

Cette démonstration numérique de la loi des rendements décroissants est surtout théorique. Il est rare que les dirigeants d'entreprises utilisent la mesure de la production marginale (du moins dans le secteur des services). On a vu que l'utilité marginale s'applique mal à la consommation touristique. Par contre, la productivité marginale peut être employée pour éclairer les décisions des dirigeants concernant le facteur travail. Le secteur touristique est marqué par de fortes fluctuations causées par des mouvements cycliques, des mouvements saisonniers et des mouvements irréguliers ; pendant ces périodes, les rendements décroissants sont importants et l'entreprise doit en tenir compte.

LA PRODUCTIVITÉ DANS LES SERVICES

Le secteur tertiaire est celui où la productivité est la plus faible ; les principales causes (les plus mentionnées) de la faible productivité du secteur tertiaire sont :

a) le faible niveau de capitalisation de ces entreprises ;

b) la taille des entreprises ; il existe une relation étroite entre la taille des firmes et la possibilité d'effectuer des économies d'échelle ;

c) les méthodes d'organisation et la gestion des ressources humaines seraient médiocres et dépassées ;

d) la qualité de la main-d'œuvre (peu de formation et d'expérience pratique et spécialisée) ;

e) la durée de travail est moins longue dans le secteur tertiaire (elle est de 34 heures/semaine dans le secteur des services) ;

f) il y a très peu d'innovations économiques et technologiques.

La faible productivité du secteur tertiaire pose des problèmes complexes. Nous savons que l'augmentation de la productivité est vitale pour le maintien et la croissance du niveau de vie ; nous savons aussi que le secteur tertiaire regroupe, dans les pays avancés, près de 60 % à 70 % des emplois sinon des entreprises. Favoriser la productivité du secteur tertiaire devient un objectif stratégique prioritaire pour l'ensemble des pays développés.

Dans la figure 13, nous avons une représentation de la segmentation des emplois dans certaines entreprises de services.

Ce type d'organisation comprend un noyau dur d'employés permanents et hautement qualifiés (le groupe A) ; celui-ci est chargé des liaisons avec les autres groupes d'employés (B, C, D et E). Le groupe B est formé d'employés à temps partiel qui ont peu de chances de « monter » dans la hiérarchie et de « passer » au niveau A ; le groupe C est dans la même situation, bien que ces emplois soient encore plus précaires que ceux du groupe B.

Les groupes B et C sont souvent chargés des rapports directs avec les clientèles de l'entreprise malgré le fait que, selon Jean Gadrey, « une entreprise de services peut difficilement externaliser ou " sous-traiter " ces fonctions vitales, même lorsqu'elle s'efforce d'ajuster les flux de travail aux flux de la clientèle[63] ».

---

63. J. Gadrey, *L'économie des services*, Éditions La Découverte, Paris, 1992, p. 101.

Figure 13

**MODÈLE DE SEGMENTATION DES EMPLOIS
DANS CERTAINES ENTREPRISES DE SERVICES***

(A) • Principaux dirigeants • Professionnels de niveau supérieur (spécialistes) • Cadres moyens • Employés à temps plein			Noyau dur de l'entreprise
(D) Sous-traitants et services à l'entreprise	(E) Travailleurs temporaires de divers niveaux de qualification	**Principale zone de tension** (B) Salariés à temps partiel (C) Contrat à durée déterminée	Main-d'œuvre flexible

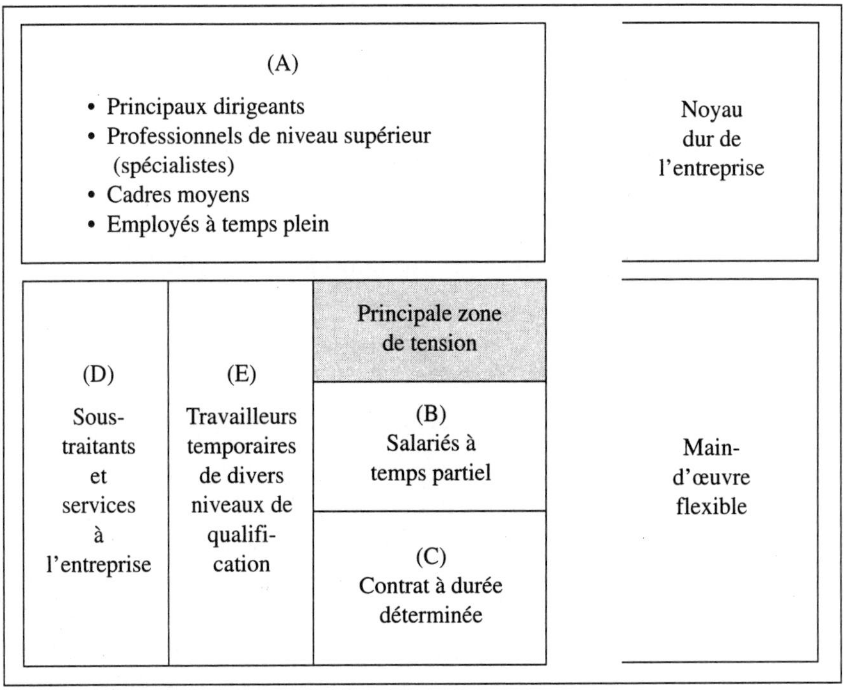

* Ce tableau est tiré (et adapté) de : GADREY, J., *L'économie des services*,
Éditions La Découverte, Paris, 1992, p. 100.

Le groupe E est formé de travailleurs temporaires utilisés pour des travaux spécifiques. Enfin, le groupe D est constitué d'employés «externes» appartenant à des entreprises de services qui s'adressent seulement aux entreprises. Ce schéma quelque peu futuriste de l'entreprise de services présente une très forte segmentation des emplois avec un noyau dur qui s'oppose à des groupes volatils et ayant très peu de pouvoir de négociation. Dans un système aussi compartimenté et potentiellement conflictuel, il est difficile d'imaginer une quelconque «culture d'entreprise» (sauf pour le groupe A).

Ce schéma de l'organisation type d'une entreprise de services indique que le développement du tertiaire fait face à de nombreuses contradictions. La principale contradiction se situe du côté du facteur travail, dans la gestion des ressources humaines. Une bonne partie du secteur des services offre une plus faible rémunération à ses employés par rapport aux autres secteurs. Ce phénomène, allié à une faible syndicalisation, explique le peu d'importance que les dirigeants d'entreprises accordent au problème du travail. Dans l'ensemble des industries, plus les salaires sont élevés, plus les dirigeants accordent de l'attention aux ressources humaines.

Pour Philippe Lorino, « la relation entre production et marché fait l'objet d'une révision profonde[64] » ; selon lui, la forte compétition entre les entreprises exige un positionnement particulier de chacun de leurs produits ; cette « différenciation-personnalisation » des produits est vitale pour l'entreprise. Ainsi, « la nouvelle approche du marché privilégie, aux côtés du binome traditionnel coût de production-prix du produit, le binome valeur-qualité ».

À court terme, la création de liens étroits entre la compétitivité et la qualité des services demande d'accorder une plus grande attention au facteur travail. Il faut donc s'attaquer à accroître de façon notable la qualification des travailleurs. Cette qualification passe par une formation permanente centrée sur les connaissances et l'acquisition de nouvelles aptitudes de travail. Elle suppose aussi des changements d'attitudes menant à une meilleure compréhension des objectifs et des structures de l'entreprise.

À plus long terme, l'objectif de « qualité totale » suppose des changements profonds dans l'entreprise elle-même. L'exigence de qualité demande « un déclassement poussé des fonctions de l'entreprise : les objectifs de qualité les "fédèrent" et leur imposent une coopération étroite[65] ». L'entreprise doit, elle aussi, entrer dans l'optique de la formation permanente en produisant et en diffusant l'information du sommet à la base et de la base au sommet !

Un autre objectif à long terme est d'arriver à une définition plus précise et plus fine de la productivité dans le secteur des services. Pour Jean Gadrey, « c'est un concept qui convient mal à la production de biens et de services très diversifiés et faiblement standardisés ». Les conventions comptables et les nomenclatures statistiques sont très mal adaptées à l'étude des « produits » des services. Il semble évident que : « Le "produit" de ces services apparaît clairement comme une construction sociale mettant en jeu des points de vue d'acteurs différents[66] ».

---

64. P. Lorino, *op. cit.*, p. 77.
65. *Idem*, p. 81.
66. J. Gadrey, *L'économie des services*, Éditions La Découverte, Paris, 1992, p. 76.

LA PRODUCTIVITÉ DANS L'INDUSTRIE TOURISTIQUE

La plupart des observations faites sur les problèmes du travail dans le secteur des services s'appliquent intégralement à l'industrie touristique (peut-être à l'exception du domaine des transports). En fait, pour une bonne partie des entreprises on retrouve (en pire) les traits mentionnés plus haut :

- *bas salaires ;*

- *très faible capitalisation, surtout orientée vers de l'immobilisation (cette capitalisation, d'après nos estimations, n'est que de 15 % de celle effectuée dans les domaines des communications et de la finance) ;*

- *petite taille des entreprises ;*

- *entreprises fortement dépendantes de la conjoncture et des mouvements irréguliers de l'économie.*

Cette situation entraîne des conséquences néfastes pour l'entreprise touristique :

- *un grand « roulement » du personnel ;*

- *peu de formation ;*

- *absence de « plan de carrière » ;*

- *incompréhension des buts poursuivis par l'entreprise et par l'industrie ;*

- *décrochage « psychologique » ;*

- *maîtrise faible de son propre travail.*

Ces conséquences ne peuvent que nuire à la qualité finale du produit, qualité si importante dans l'industrie touristique.

Des solutions existent ; les entreprises peuvent agir à deux niveaux : au niveau de l'organisation du travail et à celui d'une gestion intégrale des ressources humaines. Pour l'organisation du travail, on doit centrer l'attention sur les outils de travail ; dans ce sens, il faut effectuer une analyse attentive des tâches de production[67]. Cette analyse favorisera l'établissement de principes opérationnels et de normes logiques et amènera un meilleur contrôle de l'ensemble de la production.

---

67.   Voir à ce sujet *Productivité et formation dans le secteur de l'hôtellerie, de la restauration et du tourisme*, Bureau international du travail (BIT), Genève, 1989 ; et aussi : C. Dupont, « Gestion des ressources humaines dans l'industrie touristique : une étude empirique des pratiques innovatrices », Études, matériaux et documents 3, Département d'études urbaines et touristiques, Université du Québec à Montréal, Montréal, 1994.

Il est possible aussi d'accroître la productivité par le biais d'une main-d'œuvre flexible et de la sous-traitance[68]. Mais la flexibilité obtenue risque de causer un tort considérable à la qualité générale des services ; il est impérieux d'avoir à l'esprit que cette qualité des services est la pierre angulaire de la rentabilité économique de la firme.

Au chapitre des ressources humaines, il faut valoriser une approche «humaniste» ; celle-ci «... consisterait à rendre l'emploi aussi enrichissant que possible sur le plan personnel, visant la variété des tâches, une autonomie et une liberté de décision plus grandes pour le travailleur, plus de contacts personnels[69]». Cette approche suppose un changement complet des mentalités. Le gestionnaire avisé doit être à l'écoute non seulement du marché (clientèles et concurrents) mais aussi de son propre personnel.

Cette orientation est une voie obligatoire et exigeante pour toute augmentation durable de la productivité dans l'industrie touristique. L'entreprise devra donc résoudre une série de contradictions entre la flexibilité de l'emploi et la qualité du travail, entre les bas salaires et la qualité des services. La façon de résoudre ces contradictions déterminera son niveau de productivité. L'impuissance à résoudre ce système d'oppositions fera du tourisme un domaine où l'application de la qualité totale est essentielle et en même temps impossible !

---

68. Voir à ce sujet P. Bagguley, «Gender and Labour Flexibility in Hotel and Catering », dans la revue *The Service Industries Journal*, vol. 10, n° 4, London, 1990.

69. A. Muller-Hehn, «Productivité dans l'hôtellerie et formation : le pari de l'humain », dans la revue *Téoros*, vol. 11, n° 1, Université du Québec à Montréal, Montréal, 1992, p. 3.

Chapitre 5

La rentabilité des entreprises touristiques

L'étude de la rentabilité des entreprises touristiques passe par une analyse approfondie des coûts, des prix et des autres facteurs qui influencent directement le développement de celles-ci. Dans le secteur tertiaire, une définition précise des coûts et des prix est souvent difficile à formuler.

L'intangibilité et le caractère disparate des services vont accroître encore plus cette difficulté. Le contenu et la durée du service peut varier d'un client à l'autre ; les coûts et les prix vont quelquefois fluctuer en fonction de la position géographique et de la conjoncture économique.

Malgré ces problèmes, il est possible d'établir des critères et des méthodes permettant de résoudre, à plus long terme, ces difficultés. Une bonne partie des normes actuelles touchant les coûts et les prix ont été établis pour les besoins du secteur industriel. Il faut donc les adapter aux industries des services.

1. L'ANALYSE ÉCONOMIQUE DES COÛTS

Pour l'entreprise, les coûts sont la mesure des facteurs de production, des éléments nécessaires pour produire un bien ou un service. La définition d'un coût comporte toujours une part d'arbitraire ; par exemple, le salaire d'un employé peut être fixé à partir de sa scolarité, de son expérience, de sa valeur sur le marché du travail : chacun de ces éléments peut être sujet à interprétation. Pour Serge Launois, « Si le calcul d'un coût pose tant de problèmes, c'est qu'il y a plusieurs façons d'en déterminer le montant, et qu'il y a plusieurs coûts pour le même produit[70] ». Les approches utilisées visent à réduire un tant soit peu cette part d'arbitraire.

L'ANALYSE ÉCONOMIQUE DES COÛTS DE PRODUCTION

L'analyse économique distingue de grandes catégories de coûts ; ces coûts sont des agrégats qui englobent une série de coûts distincts. On distingue ainsi les coûts absolus et les coûts moyens. Par coûts absolus, on entend :

- *les coûts fixes, que l'on suppose constants en courte période. Ce sont en général : le loyer, le chauffage, certains frais d'entretien, l'électricité (et autres) ;*

- *les coûts variables, dont la somme va changer selon les quantités de biens ou de services produits : augmentation des heures de travail et d'autres coûts inhérents à cette hausse ;*

- *le coût total, qui est l'addition des coûts fixes et des coûts variables.*

Les coûts moyens sont les coûts par unité produite, c'est-à-dire les coûts absolus divisés par les quantités. Ils sont au nombre de quatre :

- *le coût fixe moyen* $(CFM = \dfrac{CF}{Q})$;

- *le coût variable moyen* $(CVM = \dfrac{CV}{Q})$;

- *le coût total moyen* $(CTM = \dfrac{CT}{Q})$;

- *le coût marginal* $(CMa = \dfrac{\text{Augmentation du } CT}{\text{Augmentation de } Q})$.

---

70. S. Launois, *Analyse économique des coûts et prix de revient*, PUF, Paris, 1975, p. 15.

Le coût marginal est le supplément de coût qu'entraîne la dernière unité produite.

LES COÛTS À COURT TERME : UN EXEMPLE NUMÉRIQUE

En courte période, on fait l'hypothèse que certains facteurs seront fixes pour un temps donné. Le tableau 17 illustre l'étude des coûts avec l'exemple des coûts absolus et des coûts moyens dans un restaurant touristique. Voyons le contenu des colonnes :

1. les repas vendus ;
2. le coût fixe ;
3. le coût variable ;
4. le coût total ;
5. le coût fixe moyen (CFM) ;
6. le coût variable moyen (CVM) ;
7. le coût moyen ;
8. le coût marginal.

Tableau 17

LES COÛTS ABSOLUS ET MOYENS, À COURT TERME,
DANS UN RESTAURANT TOURISTIQUE

1	2	3	4	5	6	7	8
Nombre de repas	Coût fixe	Coût variable	Coût total	Coût fixe moyen	Coût variable moyen	Coût moyen	Coût marginal
25	600	150	750	24	6	30	1
75	600	302	902	8	4	12	3
155	600	447	1047	3,9	2,9	6,7	1,8
248	600	660	1260	2,4	2,7	5	2,3
324	600	750	1350	1,8	2,3	4,2	1,2
405	600	908	1508	1,5	2,2	3,7	1,9
483	600	1349	1949	1,2	2,8	4,1	1,8
500	600	1522	2122	1,1	3	4,2	5,7
522	600	1856	2456	1,1	3,5	4,7	10
527	600	1950	2550	1,1	3,7	5,9	15,1

Figure 14

GRAPHIQUE DES COÛTS ABSOLUS DE COURT TERME DANS UN RESTAURANT TOURISTIQUE

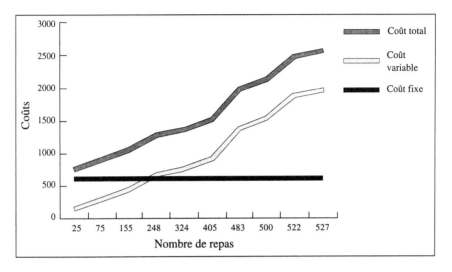

Dans la figure 14, nous avons l'évolution des coûts absolus dans ce restaurant en fonction des niveaux de production. Nous voyons que les coûts augmentent assez rapidement et finissent par atteindre un palier. Dans la figure 15 apparaissent les courbes des coûts moyens et du coût marginal. Dans cet exemple, au début, le coût marginal baisse lentement tandis que le coût moyen baisse très rapidement : c'est l'étape de certaines économies d'échelle ; par la suite, le coût marginal se met à augmenter brusquement.

L'intersection de la courbe de coût marginal et de la courbe de coût moyen indique le niveau de production le plus intéressant pour la firme (ici, le nombre de repas vendus) ; ce point montre à la fois la quantité à produire et l'ensemble des coûts supportables. Au-delà, les dépenses s'accroissent de plus en plus vite pour des augmentations très faibles de la production. C'est le point limite, après lequel, selon la théorie économique, l'entreprise perdra de l'argent. Dans notre exemple numérique du tableau 17, ce point critique se situe au niveau de production de 483 repas ; dépassé ce nombre, le restaurant connaîtra sûrement des pertes importantes. Pour que la production continue, il faut que le coût marginal soit inférieur au coût moyen.

*F*igure 15

GRAPHIQUE DES COÛTS MOYENS DE COURT TERME
DANS UN RESTAURANT TOURISTIQUE

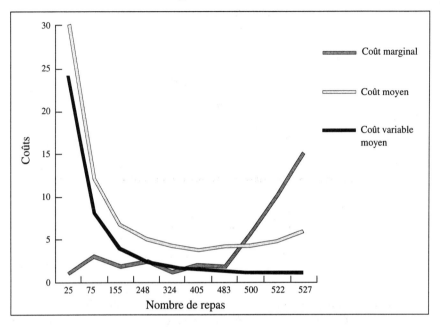

LES COÛTS À LONG TERME

À long terme, tous les coûts peuvent varier, il n'y a pas de coûts fixes. L'économie est un ensemble dynamique. Les désirs et les modes de vie se modifient; surviennent de profonds changements technologiques et des transformations sociales. Les besoins des consommateurs vont aussi évoluer considérablement. Dans cette perspective, la situation des firmes connaîtra elle aussi des changements.

Dans l'étude des coûts à long terme, on tient compte de différents types et de différents niveaux de production; il s'agit de possibilités théoriques. Ce sont des hypothèses sur l'évolution des coûts de longue période. Les courbes de coûts à long terme apparaissent dans la figure 16. Dans cet exemple, la courbe des coûts moyens est formée de plusieurs segments de courbes de coûts moyens et cela lui donne une forme continue; c'est une courbe lissée qui porte le nom de courbe-enveloppe.

Figure 16

LES COÛTS EN LONGUE PÉRIODE : LA COURBE-ENVELOPPE

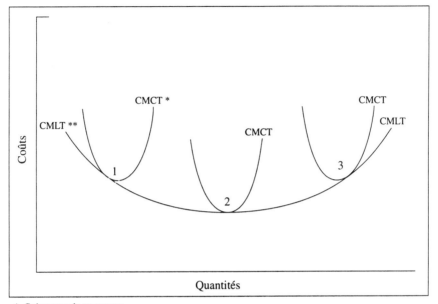

* Coût moyen de court terme
** Coût moyen de long terme

La courbe-enveloppe ainsi tracée nous donne une vue d'ensemble de l'évolution des coûts moyens. Au début, le coût moyen est élevé, puis il baisse graduellement pendant une période assez longue ; ensuite il se remet à augmenter pour atteindre le niveau de départ. La première phase de baisse correspond à des rendements croissants, et la phase de hausse, à des rendements décroissants.

Les différentes courbes de coûts moyens qui forment la courbe-enveloppe apparaissent comme différents choix de l'entreprise face aux courbes de coûts moyens de courte période qui sont proposées. La courbe-enveloppe doit être vue comme le meilleur ajustement possible de l'ensemble des coûts de court terme. Il faut imaginer chacune des courbes de courte période comme une analyse particulière de l'ensemble des coûts de l'entreprise pour cette période.

Dans le raisonnement marginaliste, il y a nécessairement une usure et des pertes, donc des coûts élevés, des facteurs de production dans le long terme. Toute définition des coûts de longue période doit être assez flexible pour s'adapter à toutes les sortes de situations. Il s'agit donc d'un travail de prévision et de planification.

L'ANALYSE PAR RATIOS

Plusieurs méthodes peuvent être utilisées pour effectuer une étude empirique des coûts. L'une des approches, la plus intéressante, est celle de l'analyse par ratios qui sont des rapports établis entre deux postes des états financiers. Ils servent à effectuer des comparaisons qui peuvent être faites dans le temps ou entre deux ou plusieurs entreprises. Ils permettent d'évaluer et de prévoir les coûts ; ils servent aussi d'indicateurs de la performance de l'entreprise ; le ratio peut représenter un aspect de la performance ou la performance globale.

L'analyse par ratios a surtout été utilisée dans le secteur bancaire ; par la suite, elle a été reprise dans la plupart des entreprises. Il existe donc à l'heure actuelle toute une série de ratios :

- *ratios financiers ;*
- *ratios de gestion ;*
- *ratios techniques ;*
- *ratios d'exploitation ;*
- *ratios commerciaux ;*
- *et même des ratios sociaux.*

Ainsi, l'analyse par ratios peut couvrir l'ensemble des fonctions de la firme ; les ratios forment alors un système structuré, un véritable tableau de bord pour les responsables de l'entreprise.

Il faut garder à l'esprit que le ratio n'est que le rapport de deux ordres de grandeur ; sa validité repose sur la qualité des données comptables. Celles-ci ne sont que des conventions chiffrées qui répondent habituellement à un objectif précis. Il arrive dans certains cas, surtout dans le secteur des services, que des situations ou des événements soient difficilement quantifiables avec l'exactitude souhaitée. À ce moment, les ratios ne donnent qu'une image tamisée de la réalité. De toute façon, tout indicateur est relatif ; il n'est qu'une construction théorique de cette réalité.

L'ANALYSE PAR RATIOS DANS LE SECTEUR TOURISTIQUE : UN EXEMPLE, L'HÔTELLERIE

Dans le secteur touristique, des ratios sont déjà utilisés par les entreprises. Ce sont les ratios de liquidité, les ratios de rentabilité, les ratios d'endettement et les ratios de gestion. Ces ratios sont communs à l'ensemble des entreprises, qu'elles soient du secteur touristique ou non. Certains ratios sont spécifiques au domaine du tourisme, principalement pour l'hôtellerie et la restauration.

Voyons des exemples de ces ratios ; nous n'indiquerons que quelques ratios pour chacun des types de coûts[71] :

A) Ratios d'exploitation du service des chambres :

$$\text{Coût par chambre-nuit louée} = \frac{\text{Frais d'exploitation directs du service des chambres}}{\text{Nombre de chambres-nuits louées}} ;$$

$$\text{Taux d'efficience du service des chambres} = \frac{\text{Bénéfice du service des chambres} \times 100}{\text{Revenus des chambres}} ;$$

B) Les ratios d'exploitation du service de la restauration :

$$\text{Ratio du coût des aliments et boissons} = \frac{\text{Coût des aliments et boissons vendus} \times 100}{\text{Revenus de la restauration}} ;$$

$$\text{Ratio du coût de la main-d'œuvre du service de restauration} = \frac{\text{Traitement, salaires et avantages sociaux du service de la restauration} \times 100}{\text{Revenus de la restauration}} ;$$

C) Ratio des autres services :

$$\text{Frais de téléphone par chambre-nuit louée} = \frac{\text{Revenus du service du téléphone}}{\text{Nombre de chambres-nuits louées}} ;$$

$$\text{Taux d'efficience des autres services} = \frac{\text{Frais d'exploitation directs des autres services} \times 100}{\text{Revenus des autres services}} .$$

LES COÛTS DANS LE SECTEUR DE L'HÔTELLERIE

Dans le tableau 18, nous avons les coûts moyens pour le développement d'un hôtel au Canada. Cette étude a été établie à partir d'un échantillon de projets de construction d'hôtel.

---

71. *Un programme de gestion financière établi pour l'industrie hôtelière canadienne*, Presses de l'Université du Québec/Tourisme Canada, Québec, 1983, p. 122-123.

Tableau 18

LES COÛTS DE DÉVELOPPEMENT D'UN HÔTEL*

Les catégories de coûts	Pour un hôtel de 100 chambres		Pourcentage	
	$	$ cumulés	%	% cumulé
Terrain	430 000		8,6	
Construction du bâtiment	2 770 000	3 200 000	55,4	64,0
Principaux équipements	410 000	3 610 000	8,2	72,2
Équipements de loisir	335 000	3 945 000	6,7	78,9
Mobilier et équipements	395 000	4 340 000	7,9	86,8
Services	20 000	4 360 000	0,4	87,2
Véhicules	105 000	4 465 000	2,1	89,3
Conception et planification	200 000	4 665 000	4,0	93,3
Frais de démarrage	150 000	4 815 000	3,0	96,3
Réserve pour imprévus	185 000	5 000 000	3,7	100
TOTAL :	5 000 000		100	

* Ce tableau s'inspire d'un modèle d'analyse tiré de : *Les normes hôtelières applicables en Ontario*, ministère du Tourisme et des Loisirs de l'Ontario, Toronto, avril 1989.

Nous pouvons constater dans ce tableau que les frais des équipements drainent près de 86,8 % du coût total de l'établissement d'un hôtel. La conception et la planification représentent 4 % de ce coût total.

Certains coûts sont estimés en fonction de l'expérience acquise par les spécialistes de l'évaluation de projets. Ainsi, «une de ces règles permet de calculer la capacité d'une salle à manger ; on l'évalue à 1,5 fois le nombre de chambres[72]». Ces coûts doivent, bien sûr, être adaptés au type d'hôtel (selon la qualité) et à sa localisation ; un hôtel dans une station balnéaire ou un village typique exigera plus d'équipements de loisir. Ces modèles de coûts peuvent aussi varier selon :

- *le type d'hébergement ;*
- *la taille des établissements ;*

---

72. R. Janody, *Modèle d'analyse des coûts de développement et d'opération d'un projet hôtelier*, Le Groupe Conseil Coopers et Lybrand, Montréal, 1991, p. 3.

- *le taux d'occupation moyen ;*

- *les prix.*

Dans le tableau 19, nous avons un exemple de modèle des coûts appliqué aux frais d'exploitation d'un hôtel.

Tableau 19
*LES COÛTS D'EXPLOITATION D'UN HÔTEL**

Les catégories des coûts d'exploitation		En %	Total partiel
Coûts des marchandises vendues	Aliments	14,0	
	Boisson	5,6	19,6
Coûts d'exploitation des chambres	Traitements et salaires	18,5	
	Autres frais directs	12,3	30,8
Coûts d'exploitation de la restauration	Traitements et salaires	20,5	
	Autres frais	5,4	
	Téléphone	4,8	30,7
Coûts généraux d'exploitation non répartis	Frais administratifs	4,3	
	Marketing	3,4	
	Réparation, entretien	6,0	
	Consommation d'énergie	5,2	18,9
TOTAL :		100	100

* Tiré de *Un programme de gestion financière établi pour l'industrie hôtelière canadienne*, Presses de l'Université du Québec/Tourisme Canada, Québec, p. 151-158.

Ces coûts sont une moyenne pour l'ensemble de l'industrie et ils peuvent changer selon les critères de classement définis plus haut. Les coûts des marchandises vendues regroupent les coûts des aliments et boissons et des autres biens et services vendus aux clients ; ils représentent 19,6 % des coûts d'exploitation.

Les coûts d'exploitation : ce sont les traitements et salaires (incluant les avantages sociaux) et les autres coûts directs touchant les chambres et la restauration ; les chambres et la restauration forment 61,5 % du coût total. Enfin, les coûts généraux d'exploitation non répartis sont des coûts « périphériques » qui ne touchent pas le produit lui-même mais qui sont vraiment essentiels à la bonne marche des affaires ; ils constituent 18,9 % du coût total.

Ces modèles de coûts peuvent servir à établir des objectifs limites à l'intérieur d'une entreprise (les coûts à ne pas dépasser dans un secteur particulier). Ils peuvent aussi être utilisés pour faire des comparaisons entre les entreprises semblables étudiées, sur le plan des coûts, secteur par secteur.

LES COÛTS DANS LE DOMAINE DU TOURISME

Une définition correcte et systématique des coûts posera toujours un problème dans le domaine du tourisme. Ce problème se situe à deux niveaux. À un premier niveau, il faudra tenir compte, dans l'avenir, des « coûts de transaction » ; « par coûts de transaction, on entend les coûts de fonctionnement du système d'échange, et, plus précisément, dans le cadre d'une économie de marché, ce qu'il en coûte de recourir au marché pour procéder à l'allocation des ressources et transférer des droits de propriété[73] ». Dans certaines activités touristiques, ces coûts peuvent être relativement importants.

À un deuxième niveau, certains coûts ne pourront être comptabilisés tant et aussi longtemps qu'on n'atteindra pas une division plus intensive du travail par la spécialisation systématique des tâches. Il faut obtenir un meilleur contrôle de la production par une analyse serrée des opérations. Il faut viser à obtenir, à moyen terme, une nomenclature de « coûts standards[74] » permettant les comparaisons et la définition d'objectifs opérationnels à l'intérieur des entreprises touristiques.

2. LA FIXATION DES PRIX

Dans le système économique, le prix d'un bien ou d'un service est un signal aux multiples facettes. Le prix est plus qu'un chiffre ; il est une information brève et précise sur la qualité, l'accessibilité et enfin l'utilité du produit. La notion de prix a plusieurs dimensions : une dimension économique, bien sûr, mais aussi une dimension psychosociologique et une

---

73. C. Ménard, *L'économie des organisations*, Éditions La Découverte, Paris, 1990, p. 22.

74. Voir à ce sujet M. Gervais, « Coûts standards », dans *Encyclopédie de gestion*, tome I, Économica, Paris, 1989, p. 629-639.

dimension symbolique. Le prix est un signal mais il joue un rôle très important dans le rapport d'échange entre les biens et services offerts et les consommateurs possibles. Les prix sont donc un immense système d'informations économiques qui indiquent aux milliers d'intervenants quand vendre, acheter ou ne rien faire…

Il y a plusieurs façons de fixer les prix :

a) à partir du marché selon la théorie économique classique ;

b) en fonction des coûts des facteurs de production ;

c) selon la perception psychologique du prix par les clients ;

d) par l'analyse de la concurrence et des prix de vente.

L'une ou plusieurs de ces approches peuvent être utilisées dans l'industrie touristique.

LA FIXATION DES PRIX DANS LA THÉORIE ÉCONOMIQUE

Dans la théorie économique classique, l'intersection de la courbe de demande et de la courbe d'offre détermine le meilleur prix : le prix d'équilibre.

Tableau 20

LA FIXATION DES PRIX DES REPAS DANS UN RESTAURANT TOURISTIQUE AVEC DEUX COURBES DE DEMANDE

Prix	Demande 1	Demande 2	Offre
0	320	640	0
1	280	560	0
3	240	480	65
6	200	400	130
9	160	320	195
12	120	240	260
15	80	160	325
18	40	80	390
21	0	40	455
24	0	0	520

La courbe de demande est conditionnée par un ensemble de facteurs tels que les revenus et le prix des autres produits vendus. La courbe d'offre est déterminée par les coûts de production du produit. Pour chacun des prix, une offre et une demande différentes apparaissent. Dans le tableau 20, nous avons un exemple de fixation des prix avec deux courbes de demande (demande 1 et demande 2) et une courbe d'offre. Dans la figure 17, on voit comment se fixe le prix pour l'une et l'autre des courbes de demande.

F*igure 17*

LA FIXATION DES PRIX SELON DEUX COURBES DE DEMANDE

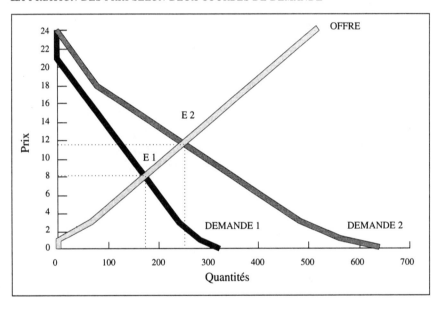

Ce prix d'équilibre, pour la courbe de demande 1, se situe entre 6 $ et 9 $; c'est dans cette fourchette de prix que la quantité demandée sera égale à la quantité offerte. En dehors de ce prix d'équilibre, il y a soit excès (ou pénurie) de l'offre ou de la demande.

Dans la situation où les acheteurs augmentent de façon importante sur ce marché, nous avons la deuxième courbe de demande. Dans l'exemple de la figure 17, nous voyons que la demande 2 et l'offre se coupent à un nouveau point ; face à cette nouvelle demande, le nouveau prix se situera autour de 12 $ et le nombre de repas vendus sera d'environ 250. Donc ici, le déplacement de la courbe de demande entraîne une hausse substantielle du prix.

LA FIXATION DES PRIX PAR LES COÛTS : UN EXEMPLE EMPIRIQUE

Il est possible d'établir les prix à partir des coûts. Ceux-ci peuvent prove-nir des états financiers de l'entreprise elle-même ; ils peuvent aussi être tirés de « coûts standards ». Ces « coûts standards » sont établis à partir des résultats d'études échantillonnales faites à l'intérieur de l'industrie.

La méthode d'Hubbard[75] permet de calculer le prix en fonction des coûts de production. Dans notre exemple, nous supposons un hôtel de 300 chambres, avec tous les services, à Montréal et dont le taux d'occupa-tion annuel moyen serait de 0,55.

Pour notre hôtel, appelons-le « Hôtel de La Montagne », nous avons les coûts de production qui apparaissent dans le tableau 21.

Tableau 21
DESCRIPTION DES COÛTS À L'HÔTEL DE LA MONTAGNE

Catégories des coûts	Coûts en dollars	Coûts en %
1) Rendement désiré des actionnaires	571 000	9
2) Frais financiers (impôts, amortissements, etc.)	463 000	7,3
3) Frais fixes	1 810 000	28,5
4) Frais du service des chambres	1 206 000	18,9
5) Frais du service de la restauration	2 300 000	36,3
TOTAL DES COÛTS :	6 350 000	100

Le total des coûts est de 6 350 000 $; on doit déduire de cette somme les revenus estimés du service de la restauration de 2 610 000 $. Il reste donc 3 740 000 $.

Il faut ajouter à cette somme les coûts du service de la dette ; celle-ci s'établit à 96 000 $ par chambre, donc on aura :

96 000 $ × 300 chambres = 28 800 000 $.

75. Cette méthode est tirée de *Un programme de gestion financière établi pour l'industrie hôtelière canadienne*, Presses de l'Université du Québec/Tourisme Canada, Québec, 1983, p. 146-150.

Ce dernier montant sera multiplié par un coefficient de remboursement «pour un taux hypothécaire donné et une période donnée[76]»; nous aurons alors:

Service de la dette annuelle = 0,1187 × (75 % du coût total en capital).

Ici, le coût total en capital pour l'Hôtel de La Montagne est de 28 000 000 $; le calcul se fera donc de la façon suivante:

28 000 000 $ × 0,75 = 21 600 000 $ et 21 600 000 $ × 0,1187 = 2 563 920 $.

Il faut ajouter cette dernière somme à notre dernier total des coûts, soit:

3 740 000 $ + 2 563 920 $ = 6 303 920 $.

Pour obtenir les revenus exigés du service des chambres, il faut appliquer la formule suivante:

$$\text{Prix des chambres} = \frac{\text{Coût final}}{\substack{\text{Nombre de jours} \\ \text{dans l'année}} \times \substack{\text{Nombre de} \\ \text{chambres}} \times \substack{\text{Taux d'occupation} \\ \text{moyen}}} .$$

À partir de cette formule, on peut calculer le prix des chambres:

$$\text{Prix} = \frac{6\,303\,920\ \$}{365 \text{ jours} \times 300 \text{ chambres} \times 0,55} = \frac{6\,303\,920\ \$}{60\,225} = 104,67\ \$.$$

Dans ce modèle, on peut introduire certaines variantes, par exemple:

A) si on ne tient pas compte (ou s'il n'y en a pas) des actionnaires, on aura:

$$\frac{5\,732\,920\ \$}{60\,225} = 95,19\ \$;$$

B) deuxième variante: on peut augmenter le taux d'occupation (ou le diminuer) selon l'achalandage de l'hôtel, par exemple à 0,60; on aura alors:

$$\frac{6\,303\,920\ \$}{65\,700} = 95,95\ \$;$$

---

76. R. Janody, *op. cit.*, p. 20.

C) troisième variante : il peut exister un très grand nombre de possibilités (à la limite, une pour chacune des entreprises) pour les sommes d'argent empruntées ainsi que pour les taux hypothécaires ;

D) quatrième variante : il est possible de combiner, selon la situation de l'entreprise étudiée, deux ou plusieurs des variantes mentionnées ;

E) enfin, on peut aussi établir un prix pour chacun des marchés cibles en tenant compte de la place de chacun dans le total des nuitées vendues[77]. Cette approche peut servir aussi à établir un taux d'escompte particulier selon le volume de nuitées de chacun de ces segments.

LA PERCEPTION PSYCHOLOGIQUE DU PRIX

Le blocage psychologique face au prix n'est souvent qu'un symptôme des obstacles inconscients chez les acheteurs. En tourisme, où très souvent le produit est difficile à définir clairement (la part du rêve, de l'exotisme), ces obstacles peuvent prendre une grande importance dans les choix à effectuer.

Les blocages psychologiques face au prix peuvent être évalués en termes de risque pour l'usager éventuel. En tourisme, les risques peuvent prendre différentes formes[78] ;

A) importance du montant global à débourser : cette somme peut sembler énorme pour certains ;

B) la difficulté de faire des comparaisons concrètes (on achète à partir de catalogues publicitaires) ;

C) le risque envisagé des écarts entre les attentes du client et la réalisation de ces attentes ;

D) les risques physiques : fatigue excessive, stress, agression possible ;

E) les risques financiers inhérents au voyage : perte des bagages, vol, etc.

Une façon de réduire ces risques est de créer un climat de confiance et d'informer de façon impartiale le client potentiel. Une autre façon d'atténuer les incertitudes consiste à faire une description minutieuse du produit. Le voyage à forfait est un bon moyen pour contourner ces difficultés.

---

77. Voir à ce sujet *Programme de marketing pour l'industrie touristique canadienne*, Maclean Hunter Ltée et Tourisme Canada, Ottawa, 1986, p. 109-111.

78. Voir à ce sujet J. Jacoby et L. Faplan, « The Component of Perceived Risk », dans M. Venkatesan, *Advances in Consumer Research*, Association for Consumer Research, New York, 1972, p. 382-393.

LE VOYAGE À FORFAIT

On peut définir le forfait de la façon suivante : « le forfait consiste en au moins deux composantes vendues à un seul prix. Une composante peut être un moyen de transport, une attraction touristique, l'hébergement, la restauration, la prestation de visites guidées, un événement spécial ou encore une activité particulière tels le ski, le magasinage[79] ». On doit mentionner en détail, dans la publicité, tous les éléments du forfait pour lutter contre les obstacles psychologiques (les risques d'achat). Le forfait peut être conçu par :

- *le producteur lui-même ;*
- *l'agent de voyages ;*
- *le grossiste (tour opérateur) ;*
- *le transporteur.*

Le calcul du prix d'un forfait est un montage délicat ; il se fait à travers cinq étapes[80] :

1. calcul des frais variables par personne (FVP) ;
2. calcul des frais fixes par personne (FFP) ;
3. calcul du coût par personne des frais de marketing et des frais généraux (FGT) ;
4. calcul du coût total du forfait par personne (CT) ;
5. ajout d'une marge bénéficiaire comprenant les commissions et bénéfices (CB).

Le prix du forfait par personne (PFP) se calculera ainsi :

PFP = FVP + FFP + FGT + CB.

Le prix de vente peut être ajusté selon les différents segments des clientèles (jeunes, familles, retraités, etc.). Ce prix peut aussi varier selon chaque produit, selon les périodes de l'année (haute et basse saison) et d'après la situation générale du marché.

---

79.   C. Ciotola et R. Paquet, *Guide des forfaits*, ministère du Tourisme du Québec/ministère des Approvisionnements et Services du Canada, Québec, 1989, p. 12.

80.   *Programme de marketing pour l'industrie touristique canadienne*, Maclean Hunter Ltée et Tourisme Canada, Ottawa, 1986, p. 138-139.

Le prix exigé pour le forfait va aussi dépendre des différents inter-venants[81] :

- *pour les agents de voyages, il s'agit « d'un prix net de base » qui corres-pond au prix de détail moins 10 à 15 % ;*

- *pour un grossiste (tour opérateur), on définit « un prix net intermé-diaire » qui est le prix de détail moins 35 % ;*

- *enfin, « un prix net préférentiel » le plus faible possible pour pouvoir traiter avec un ou plusieurs acheteurs potentiels.*

PRIX DE REVIENT OU PRIX DE VENTE

Dans certains secteurs du tourisme, il est pratiquement impossible de s'en tenir à l'analyse des coûts pour déterminer le prix de vente. C'est la concur-rence qui dicte le plus souvent le prix affiché. Il faut donc que l'entreprise fasse une analyse serrée des prix du marché. La plupart des entreprises éta-blissaient leur prix en additionnant simplement le coût de revient à la marge bénéficiaire, ce qui n'est plus suffisant ; car « ... désormais, on assiste au paradoxe que ce sont de moins en moins les prix de revient qui déterminent le prix de vente et de plus en plus l'inverse[82] ».

Le tourisme comme industrie se trouve, le plus souvent, en situation de concurrence imparfaite ou d'oligopole différencié (produits très hété-rogènes) ; dans ces cas, prévoir les réactions des concurrents est vital pour l'entreprise. Dans ces types de marchés, les prix de l'entreprise doivent se situer dans le sillage des entreprises leaders et la marge de manœuvre est souvent très limitée.

Il faut donc déterminer un seuil supérieur et un seuil inférieur du prix, un seuil à ne pas dépasser ! Ces seuils peuvent s'établir en fonction des prix existants et connus. On peut aussi fixer ces seuils à partir d'enquêtes sur le terrain. Certaines questions peuvent tenter de cerner le prix maximum toléré et le prix minimum acceptable en fonction de la qualité et de la connaissance des autres produits[83].

En fait, tout repose sur la capacité à réagir de l'entreprise face à une situation de forte compétition. L'entreprise doit adapter ses coûts de revient à son prix de vente. Dans ce contexte, les gains en productivité

---

81.   C. Ciotola et R. Paquet, *op. cit.*, p. 24.

82.   J. Fourastié, *Pourquoi les prix baissent ?*, Hachette, Paris, 1984, p. 158.

83.   Voir à ce sujet D. Adam, *Les réactions du consommateur devant les prix*, SEDES, Paris, 1958.

prennent une importance considérable : ce sont eux qui vont permettre, en dernier ressort, à l'entreprise de rester dans la course. Comme le souligne Jean Fourastié : « on peut soutenir sans contradiction apparente, qu'à court terme, c'est le marché qui fait le prix, alors qu'à long terme, c'est le prix de revient[84] ».

Tout laisse croire qu'à moyen terme toutes les entreprises touristiques seront durement confrontées au problème de la productivité et du contrôle des coûts. Sous l'effet conjugué de la concurrence et des transformations des goûts des consommateurs, les entreprises devront établir une politique de prix basée sur l'intégration fonctionnelle de tous les facteurs de production (capital, travail, technique et gestion).

3. LA RENTABILITÉ DE L'ENTREPRISE TOURISTIQUE

L'objectif premier de l'entreprise est d'être rentable, de tirer le maximum de profit de ses opérations. Sans un profit minimal, aucun autre objectif n'est possible ! Le profit consiste à établir une bonne relation entre les quantités à produire, les coûts de cette production et le prix de vente. Un très grand nombre de combinaisons sont possibles ; ce qui fait le « génie » de l'entrepreneur, c'est d'effectuer la « meilleure » relation de ces trois éléments au bon endroit et au bon moment.

Le principal objectif de l'entreprise touristique est donc de survivre ; il s'agit de combiner les facteurs de production de façon à dégager un profit suffisant. C'est ce qu'on peut appeler « la rentabilité élémentaire ». La rentabilité économique repose sur la recherche de l'optimum économique à moyen terme et à long terme. Dans l'optique de la maximalisation des profits, elle se calcule en fonction du profit qu'apporte le dernier dollar investi.

LE PROFIT À COURT TERME : LA RECETTE ET LES COÛTS

Dans un premier temps, la notion de profit peut être approchée en comparant la recette totale aux coûts totaux de l'entreprise ; si le résultat est positif, il y a effectivement un profit. Voyons un exemple empirique dans le tableau 22.

---

84.   J. Fourastié, *Pourquoi les prix baissent ?*, Hachette, Paris, 1984, p. 213.

T*ableau 22*

LA MAXIMALISATION DU PROFIT À COURT TERME
DANS UN RESTAURANT TOURISTIQUE

1	2	3	4	5	6	7	8
Repas	Prix ($)	Recette totale ($)	Coût total ($)	Profit total ($)	Coût moyen ($)	Recette marginale ($)	Coût marginal ($)
0	10	0	1000	−1000	0	0	0
100	10	1000	2500	−1500	25	10	15
200	10	2000	2875	875	14,37	10	3,7
300	10	3000	3000	0	10	10	1,25
400	10	4000	3175	825	7,9	10	1,75
500	10	5000	3500	1500	7	10	3,25
600	10	6000	4000	2000	6,66	10	5
700	10	7000	4725	2275	6,75	10	7,25
800	10	8000	5800	2200	7,25	10	10,75
900	10	9000	10 000	−1000	11,11	10	20

Les colonnes contiennent les informations suivantes :

1. le nombre de repas vendus ;
2. le prix d'un repas ;
3. la recette totale ;
4. le coût total ;
5. le profit total ;
6. le coût moyen ;
7. la recette marginale ;
8. et le coût marginal.

La recette totale est égale au prix multiplié par la quantité vendue (RT = PQ) ; le profit total est le résultat de la recette totale moins le coût total. La figure 18 permet d'illustrer l'évolution des gains et des pertes. La recette totale correspond à une droite ; lorsque la recette totale est plus faible que le coût total, l'entreprise subit des pertes. Dans le cas contraire, il y a un profit, qui s'étend à toute la zone inférieure de la droite de la recette totale.

F<u>igure 18</u>

RECETTE TOTALE ET COÛT TOTAL DANS UN RESTAURANT TOURISTIQUE

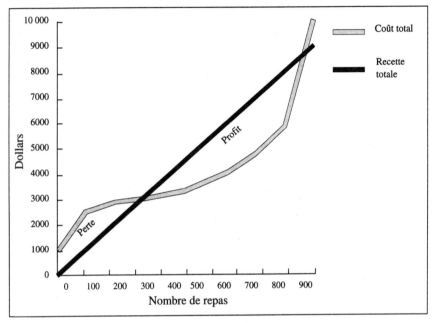

Les seuils de rentabilité pour l'entreprise apparaissent quand la courbe du coût total croise, au niveau supérieur et au niveau inférieur, la droite de la recette totale. Le profit est maximal lorsque le nombre de repas vendus se situe autour de 700 et le profit total est de 2275 $. Pour maximiser son profit, l'entreprise doit trouver la meilleure combinaison (le prix étant supposé constant à court terme) entre les coûts et les quantités, de façon à trouver l'écart le plus élevé entre la recette totale et le coût total.

LE PROFIT À COURT TERME : L'APPROCHE MARGINALISTE

Dans l'analyse marginale du profit, il faut trouver le point d'équilibre entre la recette additionnelle qu'apporte une unité supplémentaire et le coût produit par cette nouvelle unité. Dans le tableau 22, nous avons la recette marginale (colonne 7), le coût marginal (colonne 8) et le coût moyen (colonne 6) de chacun des repas vendus. À l'aide de ces données, nous pouvons analyser graphiquement les points d'intersection entre le coût moyen, la recette marginale et le coût marginal ; ces éléments apparaissent dans la figure 19.

*F**igure 19*

COÛT MOYEN, RECETTE MARGINALE ET COÛT MARGINAL
DANS UN RESTAURANT TOURISTIQUE

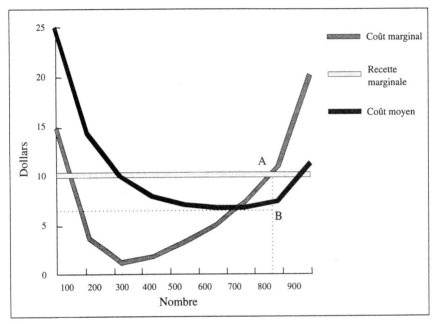

Dans la figure 19, on voit que tant que la recette marginale est supérieure au coût marginal, le restaurant a intérêt à augmenter ses ventes car
la recette totale augmente plus vite que le coût total. Au-delà du point A,
entre 700 et 800 repas, le coût marginal de production d'un repas supplémentaire serait supérieur au prix de vente : il y aurait donc perte et l'entreprise passerait sous le seuil de rentabilité.

Le point B correspond au seuil de fermeture pour ce restaurant quand
le coût moyen est supérieur au prix de vente. Ce sont donc le coût moyen
et le coût marginal qui fixent les limites supérieures et inférieures de la
rentabilité de l'entreprise. À long terme, les coûts, les prix et les quantités
vendues sont très variables. On peut établir une grande quantité d'hypothèses portant sur les combinaisons possibles entre ces trois éléments.

MESURE DE LA RENTABILITÉ PAR L'ANALYSE DU POINT MORT

L'analyse du point mort est une méthode empirique de gestion financière
qui permet d'établir la rentabilité en partant de certaines hypothèses sur le
volume des ventes et les prix proposés. Cette technique peut nous aider à

définir les prix et à fixer le seuil de rentabilité nécessaire pour réaliser un profit. C'est une technique de gestion et de planification.

L'analyse du point mort repose sur la différence fondamentale entre les coûts fixes et les coûts variables de l'entreprise. Le principal intérêt de cette analyse, c'est de démontrer empiriquement le poids relatif de chacun de ces types de coûts et les liens qui les unissent aux quantités vendues.

Le calcul de la formule pour l'établissement du point mort utilise les variables suivantes :

P = le prix unitaire demandé ;

V = les coûts variables unitaires (par unité vendue) ;

F = les coûts fixes globaux ;

Q = la quantité vendue nécessaire ;

R = le revenu minimum nécessaire.

Le revenu total sera : RT = PQ, et le coût total : CT = VQ + F. De cette façon, le point mort sera quand PQ = VQ + F. On trouvera :

A) la quantité des ventes minimales exigée au point mort par la formule :

$$Q = \frac{F}{P - V} \; ;$$

B) et le revenu minimum nécessaire au point mort par la formule :

$$R = \frac{F}{1 - \frac{(V)}{P}} \; .$$

Donnons un premier exemple : supposons un hôtel de 325 chambres dont on tente d'établir le seuil de rentabilité théorique (le point mort). Nous disposons des données suivantes :

P = 125 $;

V = 38 $;

F = 3 500 000 $.

Pour obtenir la quantité de nuitées minimales, on calculera :

$$Q = \frac{3\,500\,000}{125 - 38} = \frac{3\,500\,000}{87} = 40\,230 \text{ nuitées.}$$

Pour arriver au revenu minimal, on appliquera la formule énoncée plus haut, soit :

$$R = \frac{3\,500\,000}{1 - \dfrac{(38)}{125}} = 5\,028\,736\ \$.$$

On peut aussi calculer l'ensemble des possibilités théoriques à partir des formules de calcul des revenus et des coûts globaux. Ces résultats apparaissent dans le tableau 23.

*T**ableau 23*

ANALYSE DU POINT MORT POUR UN HÔTEL DE 325 CHAMBRES

Nuitées (en 0000)	Revenus (en millions)	Coûts (en millions)
0	0	3,5
1	1,25	3,88
2	2,5	4,26
3	3,7	4,64
4	5	5,02
5	6,25	5,4
6	7,5	5,78
7	8,75	6,16
8	10	6,54

On voit que le point mort se situe à la jonction de 40 230 nuitées et d'un revenu de 5 028 736 $. Dans la figure 20, nous avons une analyse graphique du point mort.

Nous voyons dans ce graphique la zone de perte pour l'hôtel et la zone de profit ; apparaissent aussi le niveau des coûts fixes et celui des coûts variables.

Cet exemple indique l'importance d'un contrôle étroit des coûts ; si l'on fait baisser les coûts fixes de 3 500 000 $ à 3 000 000 $, la quantité de nuitées minimales au point mort devient de 34 483 nuitées. Une baisse des coûts variables à l'unité aurait aussi un effet marqué sur les profits de l'entreprise.

Figure 20

ANALYSE GRAPHIQUE DU POINT MORT POUR UN HÔTEL DE 325 CHAMBRES

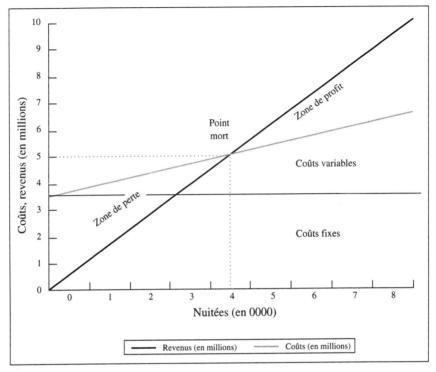

Ces résultats peuvent être aussi interprétés en fonction du taux d'occupation de l'hôtel ; 40 230 nuitées nécessaires au point mort de la figure 20 correspondent à un taux d'occupation de 33,9 % (soit un taux d'occupation maximal de 365 jours × 325 chambres = 118 625 nuitées pour l'année ; alors 40 230 ÷ 118 625 × 100 = 33,9 %).

L'analyse du point mort peut nous aider aussi à fixer correctement le prix de vente. Donnons un exemple : une compagnie aérienne assure la liaison Montréal-Paris, en haute saison ; il y a (en moyenne) 10 000 passagers par mois ; les données sont les suivantes :

P = 481 $;
V = 100 $;
F = 3 000 000 $.

Le seuil de la rentabilité sera atteint lorsque :

$$Q = \frac{3\,000\,000}{481 - 100} = 7874 \text{ passagers par mois} ;$$

$$R = \frac{3\,000\,000}{1 - \dfrac{100}{481}} = 3\,787\,401 \text{ \$ par mois.}$$

Supposons que cette compagnie aérienne désire faire une réduction de 10 % sur les billets et s'interroge sur les conséquences ; le nouveau seuil de la rentabilité sera (nouveau prix, 481 \$ × 0,90 = 432,90 \$) :

$$Q = \frac{3\,000\,000}{432,90 - 100} = 9012 \text{ passagers par mois} ;$$

$$R = \frac{3\,000\,000}{1 - \dfrac{(100)}{432,90}} = 3\,901\,170 \text{ \$ par mois.}$$

Avec les mêmes données, nous pouvons calculer le profit mensuel (P) ; dans ce cas, la formule sera :

P = Q (P – V) – F ; cela donnera pour 10 000 passagers : 10 000 (439,9 – 100) – 3 000 000 = 399 000 \$. Ces chiffres sont modérés, dans la mesure où l'on peut supposer, selon le taux d'élasticité de la demande, que le nombre de passagers pourrait être supérieur à 10 000.

Avec le prix de 481 \$, nous aurions : 10 000 (481 – 100) – 3 000 000 = 810 000 \$. Il est possible de trouver le point minimum avec une possibilité de 10 000 passagers ; à ce moment, la formule sera : QP = F + (V x Q). Et le calcul :

10 000 P = 3 000 000 + (100 x 10 000) ;
10 000 P = 4 000 000 ;
P   = 400 \$.

La plage de sécurité sur les fluctuations du prix sera :

$$S = \frac{P1 - P2}{P1} = \frac{481 - 400}{481} = 0,168 \text{ ou } 17 \%.$$

Alors, nous pouvons aussi calculer la marge de sécurité sur le nombre de passagers nécessaire :

$$S = \frac{Q1 - Q2}{Q1} = \frac{10\,000 - 7874}{10\,000} = 0,21 \text{ ou } 21\,\%.$$

Nous pouvons aussi calculer, de façon un peu approximative, la marge de profit par la formule P/F = MP ; avec un prix de 481 $, on aurait :

$$\frac{810\,000}{3\,000\,000} = 0,27.$$

Avec un prix de 439,9 $, on aurait :

$$\frac{399\,000}{3\,000\,000} = 0,13.$$

L'analyse du point mort, en fixant le seuil de la rentabilité, peut être un excellent outil pour faciliter la prise de décision dans l'industrie touristique. Son caractère linéaire permet d'évaluer assez rapidement une foule de situations possibles. Elle peut être aussi un bon moyen de planifier à court terme et à moyen terme ; il s'agit alors de faire certaines hypothèses plausibles (en se basant sur l'évolution passée) sur l'état des coûts fixes et des coûts variables pour les périodes futures et de préparer des scénarios de développement.

REVENU MARGINAL ET QUANTITÉS VENDUES

Dans l'industrie touristique, il est rare de retrouver des rendements d'échelle décroissants. Ce qui arrive, le plus souvent, c'est l'inertie des coûts fixes, qui s'étendent sur l'année entière (haute ou basse saison) ; les coûts variables dépendent de facteurs saisonniers, difficilement réductibles. Dans cette perspective, les notions de coût marginal et de revenu marginal s'appliquent peu ou pas du tout.

Pour les entreprises touristiques, la maximalisation du profit coïncide avec un taux de remplissage maximum ; l'objectif de l'optimum économique se réalise au niveau le plus élevé de la fréquentation des touristes dans un lieu d'hébergement ou un site (la restauration est le seul secteur où l'approche marginaliste peut être utilisée). Dans la dure réalité économique, l'entreprise doit toujours surveiller son seuil de mortalité (le fameux « point mort ») ; en deçà de ce seuil de rentabilité, c'est la sortie du marché, la faillite à courte échéance.

Chapitre

Les études de projets touristiques

Une grande loi universelle, rarement admise, régit la vie économique : c'est la permanence des changements. Les agents économiques sont toujours confrontés à des changements technologiques, sociologiques et politiques. Ces transformations peuvent être lentes ou très brutales mais, de toute façon, elles mettent sérieusement à l'épreuve les capacités d'adaptation des entreprises.

L'entreprise peut subir, avec plus ou moins de perte, ces changements : elle peut aussi se préparer aux changements en innovant, en inventant de nouveaux

*projets, en prenant des initiatives suscep-
tibles de maintenir son équilibre interne.
On peut comparer l'entreprise à une bicy-
clette : elle est condamnée à avancer !*

*Pour avancer, il faut élaborer une straté-
gie ; tenir compte des possibilités offertes
et évaluer correctement chacune de ces
possibilités. La gestion des projets s'inscrit donc dans la planification globale de
l'entreprise. Les méthodes que nous
allons voir sont des outils de planification qui vont faciliter le développement
et l'évaluation des projets.*

1. LES ÉTUDES DE FAISABILITÉ

On englobe sous le nom d'études de faisabilité des recherches qualitatives ou quantitatives qui visent à établir le bien-fondé d'un projet économique ou social. Une étude de faisabilité est donc un ensemble d'informations, de renseignements divers (historiques, géographiques, sociologiques, économiques et politiques) et de calculs qui vont servir de base de réflexion pour décider de la viabilité d'un projet.

L'agrandissement d'un restaurant, la construction d'un hôtel, l'aménagement d'une nouvelle station de ski sont des projets réalisables dans une certaine durée, un certain laps de temps. Pendant cette période, les conditions initiales du marché peuvent changer ; les études de faisabilité sont là pour répondre à ce genre de questions, pour aider les investisseurs à prendre la meilleure décision ; elles servent à évaluer les risques.

Les études de faisabilité ne suivent pas une méthodologie formelle, mais une « tradition » est en train de s'établir sur la façon de faire ce genre d'études. L'important, en ce domaine, c'est d'adopter une démarche logique, de suivre un déroulement rationnel. Habituellement, on effectuera :

a) une étude d'opportunité ;

b) une étude de préfaisabilité ;

c) et enfin, l'étude de faisabilité proprement dite.

L'ÉTUDE D'OPPORTUNITÉ

L'étude d'opportunité consiste à identifier, dans un pays, une région, une ville ou un quartier, des possibilités intéressantes d'investissement. Il s'agit de considérer certaines « idées de projets » permettant de maintenir ou d'accroître la rentabilité de l'entreprise. C'est une approche, en majeure partie, qualitative ; il faut donner un portrait rassemblant des situations possibles sans entrer dans les détails. Elle repose sur des perceptions et des réflexions face aux changements futurs.

Dans l'étude d'opportunité, on va analyser[85] :

* *schématiquement la demande du service ou du produit ;*
* *les possibilités de diversification, de spécialisation, de regroupement ou d'expansion ;*

---

85. Voir à ce sujet *Manuel de préparation des études de faisabilité industrielle*, Publication des Nations Unies, 1985, p. 10.

- *la situation générale de l'investissement et du crédit ;*

- *les politiques touristiques ;*

- *les nouveaux programmes économiques en vigueur.*

Les études d'opportunité ne doivent pas être coûteuses et demander trop de temps. Elles doivent faire une recension des possibilités intéressantes en soulignant leurs particularités. En somme, il s'agit d'ouvrir l'éventail des choses possibles en permettant un classement hiérarchique de ces possibilités en fonction de la probabilité de réalisation.

La principale qualité de l'étude d'opportunité est son ouverture. Par la suite, il faut sélectionner le projet le plus intéressant pour l'entreprise. Cette sélection peut se faire en fonction de quatre critères[86] :

1. la compatibilité du projet avec les objectifs de l'entreprise ;

2. l'accessibilité du projet selon les lois existantes (ex. : la législation sur l'environnement) ;

3. la capacité de l'entreprise de réaliser ce projet (ressources humaines et financières) ;

4. enfin, les possibilités de croissance et de rentabilité pour l'entreprise.

L'ÉTUDE DE PRÉFAISABILITÉ

Une fois l'idée d'investissement sélectionnée, on doit l'analyser de façon empirique et faire une évaluation rapide du projet d'investissement afin de déterminer son degré de viabilité. Les objectifs de l'étude de préfaisabilité sont de deux ordres :

1. approfondir la possibilité d'investissement en faisant ressortir les aspects négatifs et positifs ; les risques et les profits appréhendés ;

2. faire une estimation des informations qui seraient nécessaires à la poursuite du projet dans une étude de faisabilité ; le besoin de données exige-t-il des recherches et des études spécifiques et approfondies ?

L'étude de préfaisabilité doit pouvoir cerner les traits dominants du projet et évaluer, de façon schématique, les conséquences. Ainsi, « l'étude de préfaisabilité doit être considérée comme un stade intermédiaire entre l'étude d'opportunité du projet et l'étude détaillée de faisabilité, la dis-

---

86. Voir ces quatre critères dans W. O'Shaughnessy, *La faisabilité de projet*, Les Éditions SMG, Trois-Rivières, Québec, 1992, p. 39.

tinction résidant principalement dans le degré de détail des informations recueillies[87] ».

Voici les principaux points à surveiller dans l'étude de préfaisabilité :

1. une analyse attentive de la demande, de la situation du marché (prix, quantité, concurrence) ; les problèmes liés à la vente et à la commercialisation ;

2. localisation géographique, terrains disponibles et coût des terrains (s'il y a lieu) ;

3. les dimensions techniques du projet (ingénierie) et les aspects environnementaux ;

4. l'étude des besoins en matériel et main-d'œuvre ;

5. l'étude des divers types de coûts selon l'importance de chacun d'eux ;

6. les grandes étapes du projet ;

7. l'étude de la rentabilité financière (projection des coûts et des revenus, emprunts nécessaires, etc.).

L'ÉTUDE DE FAISABILITÉ

L'étude de faisabilité est un prolongement des études d'opportunité et de préfaisabilité. Elle doit reprendre dans tous leurs détails les éléments répertoriés dans l'étude de préfaisabilité. L'étude de faisabilité est une recherche de la cohérence entre les divers éléments du projet. Ainsi, l'offre et la demande, les coûts et les revenus, la planification dans le temps, le montage financier doivent être analysés dans toutes leurs interactions.

L'étude de faisabilité peut comprendre un grand nombre de recherches et d'analyses empiriques ; on doit tirer l'essentiel de ces études, de façon à minimiser les risques et l'incertitude. Ces recherches doivent être exhaustives et aller en profondeur dans la connaissance sur le projet proposé. Les informations doivent permettre une décision avec la plus faible marge d'erreur possible.

La plupart des études de faisabilité introduisent des variantes au projet souhaité ; les variantes sont des manières différentes de satisfaire un même besoin. Les variantes d'un projet devraient être incompatibles entre

87. *Manuel de préparation des études de faisabilité industrielle*, Publication des Nations Unies, 1985, p. 12.

elles. Par exemple, pour traverser une rivière, trois solutions techniques sont possibles : un traversier, un pont ou un tunnel ; techniquement et financièrement, les trois solutions sont incompatibles mais remplissent le même besoin initial.

Les variantes d'un même projet peuvent différer selon :

1. la taille et l'ampleur du projet ;

2. la localisation du projet ;

3. les éléments à ajouter ou à retrancher (par exemple, une variante peut avoir un restaurant et une salle de spectacles, et une autre, seulement un restaurant) ;

4. les différents intervenants mêlés au projet (un même projet peut toucher plusieurs municipalités ou régions).

Chacune des variantes doit être cohérente et plausible. D'autre part, le nombre de variantes (du moins dans le secteur du tourisme) ne devrait pas dépasser trois ou quatre. Chacune des variantes d'un projet doit maximaliser les interactions et l'optimalisation des ressources en cause tout en prévoyant les conséquences des choix effectués.

Les variantes peuvent aussi prendre en compte des éléments qualitatifs ; par exemple, dans la construction d'un établissement d'hébergement, si on le construit près des voies d'accès, les coûts d'infrastructure sont moindres, mais il y a des risques de bruit, une perte de cachet et de prestige ; par contre, en construisant plus loin, il faudra élargir ou construire une route, donc les coûts seront plus élevés.

GROS PROJET/PETIT PROJET

Un projet touristique ayant une très grande ampleur exigera plusieurs études spécialisées ; il demandera une bonne capacité de synthèse pour ceux qui feront l'analyse du projet et le rapport final de l'étude de faisabilité. Un petit projet suppose moins de travail ; il faudra néanmoins que l'étude de faisabilité comprenne les éléments suivants (pour un restaurant, un petit hôtel ou une auberge) :

1. une sérieuse étude de marché portant sur la situation touristique de la région, la durée de la saison, les prix et les taux d'occupation, la main-d'œuvre locale, etc. ;

2. une évaluation très serrée du site à bâtir ; le coût du terrain, les règlements d'urbanisme, l'accessibilité, les services (eau, égout, électricité, téléphone, routes), la topographie du terrain, une évaluation environnementale ; une

étude de proximité concernant les commerces, les attractions touristiques, les services de loisirs ;

3. des prévisions, pour les cinq prochaines années, de l'offre et de la demande, des dépenses et des coûts, des revenus et des profits pour l'ensemble de l'exploitation ;

4. une analyse financière portant sur les investissements, les emprunts, les taxes à payer, la rentabilité estimée.

LA MÉTHODOLOGIE DES ÉTUDES DE FAISABILITÉ

Dans le tableau 24, nous présentons les méthodes les plus utilisées pour l'évaluation de projets touristiques.

Tableau 24
LES MÉTHODES D'ÉVALUATION DE PROJETS TOURISTIQUES

Les types d'études	Les méthodes
Étude d'opportunité	• Groupe de création • « Focus group » • Analyse au plan géographique, historique, sociologique et politique • Étude documentaire • Analyse sommaire du marché • Étude sommaire des sites
Étude de préfaisabilité	• Recherche de partenaires éventuels • Analyse comparative de « cas semblables » • Analyse de la concurrence • Étude financière sommaire • Étude économique sommaire • Étude générale de localisation • Étude de la demande
Étude de faisabilité	• Étude de marché spécifique • Prévision de la demande (à partir de cas similaires) • Estimation et prévision des coûts • Évaluation financière complète • Évaluation économique complète • Financement du projet (montage financier) • Étude de localisation complète • Construction des variantes • Évaluation des variantes

Pour les études d'opportunité, il faut adopter une méthodologie qui permette l'émergence d'idées nouvelles concernant les investissements à faire. À ce stade, une approche qualitative et des études documentaires devraient suffire pour élargir les choix et proposer des solutions.

Pour l'étude de préfaisabilité, on suppose « l'idée d'investissement » déjà choisie ; il faut aborder tous les points importants sans aller en profondeur. Cette démarche devra être plus structurée que la première ; il faut « pousser » l'idée de base jusqu'à ce qu'elle prenne vraiment une forme logique. Cette étape peut aussi servir à vérifier si des données plus complètes existent pour être plus tard utilisées dans l'étude de faisabilité. Ici, l'étude et l'analyse demeurent schématiques ; par exemple, l'étude de la demande sera basée sur des données secondaires issues de bottins statistiques accessibles à tous.

Dans l'étude de faisabilité, et tenant compte de l'ampleur du projet, il faut vraiment aller en profondeur. Ici, on fera une étude de marché « classique » avec un ou plusieurs échantillons représentatifs. Les techniques statistiques et les méthodes d'analyse seront plus élaborées. Dans cette étape, c'est la « maquette » du projet qu'il faut présenter.

En termes de temps, l'étude d'opportunité occupera 10 % du temps de recherche, l'étude de préfaisabilité, près de 20 %, et l'étude de faisabilité prendra 70 % du temps total nécessaire. On retrouvera à peu près les mêmes proportions pour les frais de recherche et d'expertise.

L'étude de faisabilité demande aussi une plus grande compétence technique de la part des chercheurs ; il faut souvent faire appel à des ingénieurs, des architectes, des aménagistes, des juristes, des comptables et des prévisionnistes. Le chef d'orchestre de cet ensemble doit pouvoir s'inspirer de l'essentiel des recherches des spécialistes pour donner le meilleur éclairage sur ce projet.

Il est évident que l'analyse peut s'arrêter à l'étude d'opportunité, s'il est clair qu'aucun projet viable n'a été trouvé. De la même façon, l'étude de préfaisabilité peut se terminer par une décision négative : ici encore, tout peut s'arrêter. L'étude de faisabilité est très coûteuse et il est rare, à ce stade, que la décision finale soit négative, bien que cela soit toujours possible. Elle peut mettre au jour des obstacles insurmontables pour le projet. Elle peut servir à éviter des échecs et même la ruine pour l'entreprise. Dans la partie 3, nous verrons les aspects économiques et financiers des projets.

2. L'ÉTUDE DE LA LOCALISATION TOURISTIQUE

L'étude de la localisation est une étape importante de l'étude générale de la faisabilité. L'industrie du tourisme est largement dépendante de l'espace : « l'offre et la demande ne sont plus séparées du milieu – pris dans le sens de lieu dimensionné et caractérisé par des données aussi bien physiques que sociales ou culturelles –, au contraire, elles ne s'exercent finalement qu'à travers lui [88] ». L'entreprise doit donc se positionner dans l'espace, et ce positionnement va jouer un rôle dans la rentabilité globale recherchée.

THÉORIE DE LA LOCALISATION TOURISTIQUE

Pour Pierre Defert, la localisation des activités touristiques va dépendre de l'agencement de plusieurs facteurs :

1. le premier « est à la charge du touriste et délimite la zone du marché » ; il est défini par l'éloignement, la distance de la source ;

2. les autres facteurs relèvent du producteur et ce sont :

   - *la main-d'œuvre ;*

   - *le loyer du sol ;*

   - *la disponibilité en capital ;*

   - *et les « économies externes dues à l'agglomération des firmes [89] ».*

Selon Pierre Defert, d'autres éléments, plus « irrationnels », vont aussi jouer un rôle, tels que la mode, les campagnes publicitaires et l'image de marque de l'entreprise. Au niveau des gouvernements (locaux et nationaux), il existe des politiques et des règlements qui peuvent freiner (lois diverses dont le zonage, les impôts et les taxes) ou faciliter (subventions, tarifs spéciaux, terrains gratuits, infrastructures complètes) la localisation touristique.

---

88. C. Barras, *Le développement régional à motricité touristique*, Éditions universitaires de Fribourg, Fribourg, 1987, p. 102.
89. P. Defert, *La localisation touristique*, Éditions Gurten, Berne, 1966, p. 30-31.

L'analyse de ces facteurs permet à Pierre Defert[90] de dégager les principaux éléments à considérer :

- *les qualités naturelles du site et leur degré d'attraction ;*

- *la distance entre le site et la zone marché (les coûts et la durée du transport) ;*

- *le potentiel touristique de la zone marché (en fonction de la fréquentation et en tenant compte du niveau de vie des populations cibles) ;*

- *l'étude attentive de l'offre existante (coût des terrains, accessibilité du crédit, état de la concurrence, ressources en main-d'œuvre et en matériel) ;*

- *les politiques de l'État et des gouvernements locaux.*

LOCALISATION ET DIMENSIONS MACROÉCONOMIQUES

Une des questions de base de la localisation touristique est de définir l'attraction relative de la localité choisie. Il existe des méthodes intuitives pour mesurer cette notoriété ; il y a aussi des méthodes quantitatives rudimentaires pour estimer le degré d'attraction.

Par exemple, on peut calculer le « point limite d'attraction » d'une localité à partir de la formule suivante[91] :

$$PLA = \cfrac{\text{Distance entre la localité choisie et la ville x}}{1 + \cfrac{\text{Population de la ville x}}{\text{Population de la ville choisie}}} .$$

Si on veut connaître l'attraction de la ville de Reims par rapport aux localités voisines, on utilise cette formule pour chacune de ces villes ; les résultats apparaissent au tableau 25.

Le point limite indique le seuil d'attraction de la ville de Reims par rapport aux localités voisines. Cette mesure de l'attraction repose sur la taille des villes et la distance par rapport à la ville considérée.

90. *Idem*, p. 41-42.

91. Voir à ce sujet F. Colbert et R. Côté, *La localisation commerciale*, Gaëtan Morin Éditeur, Québec, 1990, p. 60.

Tableau 25

L'ATTRACTION DE LA VILLE DE REIMS PAR RAPPORT AUX LOCALITÉS VOISINES

Villes	Population	Distance de Reims en kilomètres	Point limite de l'attraction de Reims vers x en kilomètres
Reims	181 985		
Soisson	32 236	56	39
Laon	29 074	47	34
Chalon	54 359	45	29
Charleville	61 588	83	52
Epernay	28 876	27	19
Rethel	8942	39	31

Pour l'achat ou la construction d'un établissement touristique, on peut aussi considérer la distance standard à l'égard d'un point central et la distance entre les établissements eux-mêmes. La formule de calcul est relativement simple[92] :

$$DS = \sqrt{\frac{\Sigma D^2}{n}} \, ,$$

où :

DS = distance standard ;

D = distance de chacun des établissements par rapport à un point central ;

n = nombre d'établissements.

Une recherche empirique, faite dans la région de Kitchener-Waterloo (Ontario), indique une distance standard (par rapport à un point central) de 4,1 kilomètres et une distance standard entre établissements touristiques de 1,25 kilomètre. Une autre technique, dite de Reilly[93], étudie l'attraction commerciale ; cette formule s'écrit :

$$\frac{Ba}{Bb} = \left(\frac{Pa}{Pb} \frac{Db}{Da}\right)^2 \, ,$$

---

92. Voir à ce sujet S. Smith, *Tourism Analysis*, Longman, London, 1989, p. 197-201.

93. Voir à ce sujet C. Ryan, *Recreational Tourism : A Social Science Perspective*, Routledge, London, 1991, p. 57.

où :

Ba =   proportion de la population d'une ville intermédiaire attirée par le commerce de la ville a ;

Bb =   proportion attirée par le commerce de la ville b ;

Pa et Pb =   les populations de a et de b ;

Da et Db =   distances entre les villes a et b.

Chacune de ces techniques a des avantages et des inconvénients ; le principal inconvénient est le caractère mécanique de ce genre de calcul, qui ne tient pas compte des styles de vie et d'autres facteurs socioéconomiques.

Nous pouvons aussi estimer, si l'on peut dire, « l'attraction négative » d'une localité par rapport à une autre en utilisant le « taux de fonction touristique » mis au point par Pierre Defert[94] ; il s'écrit :

$$\text{TFT} = \frac{\text{NL} \times 100}{\text{P}},$$

où :

TFT =   taux de fonction touristique ;

NL =   nombre de lits ou de chambres ;

P =   population locale.

Le taux varie entre 0 et l'infini ; en-dessous de 10, la fonction touristique est faible, et 100 semble le seuil souhaitable pour définir une station touristique. Ainsi, l'entreprise touristique peut choisir, selon son intérêt et sa stratégie commerciale, de s'installer dans une localité où le TFT serait faible (ou élevé).

LOCALISATION ET DIMENSIONS MICROÉCONOMIQUES

Au plan microéconomique, il est bon d'avoir en tête une liste concrète de choses à vérifier ; pour cette « checklist », Stephen Smith[95] distingue les

---

94. Voir à ce sujet P. Defert, « Le tourisme, facteur de valorisation régionale », dans *Recherche sociale*, nº 3, Paris, 1966, p. 35.

95. Voir à ce sujet S. Smith, *op. cit.*, p. 139-140.

caractéristiques critiques et les caractéristiques désirables motivant le choix d'un emplacement. Les caractéristiques critiques sont :

- *Le projet choisi est-il conforme aux règlements municipaux et nationaux (zonage, etc.) ?*
- *Est-ce que les permis nécessaires sont faciles à obtenir ?*
- *Le nombre de places de stationnement à proximité.*

Les caractéristiques désirables sont :

- *Est-ce que l'édifice est adéquat ? La restauration et (ou) une construction est-elle nécessaire ? Si la réponse est affirmative, quels seront les coûts approximatifs ?*
- *Les aspects de voisinage touchant la sécurité, la qualité de vie, le plan de développement urbain du secteur.*
- *Est-ce qu'il y a des établissements semblables à proximité, et quels sont la qualité, les clientèles et le niveau de fréquentation de ces établissements ?*
- *L'étude des moyens de transport : infrastructure routière, aéroport, autobus et métro (s'il y a lieu).*
- *La qualité et la proximité des attractions majeures et mineures.*

À ce niveau, l'entreprise peut effectuer des micro-études de marché qui tiennent compte de sa spécificité ; cette approche est très valable pour les entreprises qui n'ont pas une clientèle touristique à 100 % (soit toutes les entreprises, à part l'hôtellerie et les transports).

Mentionnons la méthode des cercles concentriques, méthode qui consiste à étudier le marché local en tenant compte de la proximité des clientèles. À partir de la localisation de l'entreprise (ou du projet de localisation), on trace des cercles concentriques d'environ un kilomètre de diamètre et on étudie le marché pour chacun des cercles ainsi déterminés. La formule sera, pour le premier cercle[96] :

$$\text{Part de marché du premier cercle} = \frac{\left(\dfrac{\text{Échantillon du premier cercle}}{\text{Échantillon total}} \right) \times \text{Chiffre d'affaires}}{\text{Population} \times \text{Dépenses par personne}}$$

On reprend les calculs pour chacun des cercles concentriques ; on aura ainsi une image du marché selon la distance.

---

96. Voir à ce sujet F. Colbert et R. Côté, *op. cit.*, p. 100-104.

ASPECTS MICROÉCONOMIQUES DE LA LOCALISATION DE LA RESTAURATION

La localisation des restaurants pose souvent des problèmes très spécifiques. Selon Yves Tinard[97], les principaux facteurs de commercialisation sont :

- *la densité, le nombre de passages des piétons, la circulation ;*
- *la présence d'autres commerces ;*
- *la réputation de la rue (il semble que plus elle est longue, plus elle est connue) ;*
- *la présence de places de stationnement près du restaurant (moins de 500 mètres) ;*
- *la présence d'établissements de récréation (cinéma, salle de spectacles, etc.).*

La localisation choisie va influencer fortement le coût du loyer et les investissements nécessaires à l'implantation du restaurant. Ces coûts vont, à leur tour, entraîner des contraintes sur les taux de fréquentation ; d'après Yves Tinard, le nombre estimé de rotations par couvert sera de 1 pour un emplacement moyen, de 1,5 pour un « bon » emplacement et de 3 pour un emplacement de « premier choix ».

Deux chercheurs de l'Université de Genève ont jeté les bases de la « restaumétrie spatiale[98] » ; à partir de leurs recherches, ils ont défini trois types de restaurants :

1. le restaurant de chaîne (type MacDonald) ;
2. le restaurant familial ;
3. le restaurant de luxe.

Chacun de ces types de restaurants subit des contraintes de localisation différente.

Le restaurant familial semble obéir à une localisation aléatoire. Le restaurant de chaîne, au contraire, est localisé à partir d'études de localisation très poussées, axées à la fois sur la densité de population (ou de passages) et la proximité des grands axes de communication. Le restaurant de

---

97. Y. Tinard, *Le tourisme : économie et management*, McGraw-Hill, Paris, 1992, p. 305.

98. Voir à ce sujet A. Bailly et J. Paelinck, *Essai de restaumétrie spatiale*, communication présentée au Colloque annuel de l'Association de science régionale de langue française, Saint-Étienne, 3-4-5 septembre 1990.

luxe doit compter sur « un marqueur territorial » privilégié (cadre naturel et (ou) historique particulier) pour se positionner géographiquement.

Les principales conclusions de cette étude sont :

- *que la densité urbaine joue un grand rôle dans la concentration de tous les types de restaurants ;*
- *les restaurants de luxe, en plus de la densité, doivent, pour se localiser, prendre en compte l'image de la région, les infrastructures routières et l'engagement de chefs de très haut calibre.*

LE TOURISME DANS L'ESPACE

Toutes les activités touristiques sont étroitement liées à l'espace tant dans les villes que dans les campagnes. Cette dimension a été longtemps ignorée par les études économiques. Il faut comprendre que l'espace n'est pas neutre ; il représente des champs de force, des phénomènes d'attraction/répulsion qui ont des effets directs sur la fréquentation et donc sur la rentabilité des entreprises.

La « bonne » localisation d'une activité touristique exige des connaissances sur le milieu mais aussi un bon jugement de la part de l'entrepreneur. Selon le type de projet choisi, la localisation est vitale ou moins importante pour l'entreprise. Dans la plupart des cas, c'est l'offre touristique elle-même qui est le facteur déterminant de la localisation.

3. LA RENTABILITÉ DES NOUVEAUX INVESTISSEMENTS

Toute entreprise est confrontée, à un moment ou l'autre, à un problème d'investissement ; il peut s'agir, tout simplement, d'améliorer la situation de l'entreprise en entreprenant des rénovations (décoration, agrandissement ou achat d'un nouveau matériel). Il peut être nécessaire de faire face à des coûts nouveaux liés à l'exploitation de l'entreprise (engagement de personnel, perte de subventions gouvernementales, nouvelles taxes).

L'entreprise peut aussi désirer une certaine expansion des affaires (diversification des activités, application d'un nouveau concept, participation à un grand événement touristique ou une « occasion en or » à ne pas rater). Dans tous les cas, il faut établir une étude de faisabilité financière pour évaluer la rentabilité économique des nouveaux investissements.

NOTIONS DE BASE

Nous nous limiterons ici à l'estimation du degré de faisabilité d'un nouveau projet en tenant compte seulement de certains aspects microéconomiques et plus particulièrement en considérant les résultats financiers. Tout nouveau projet suppose un certain étalement dans le temps. Il faut donc établir une prévision des recettes et des dépenses pour une certaine durée de vie du projet (5, 10, 15 ou 20 années ou plus).

Tout nouvel investissement inscrit dans une certaine durée suppose un coût. Une unité monétaire ne représente pas le même pouvoir d'achat selon qu'elle est disponible aujourd'hui ou dans vingt ans ; entre les deux périodes, cette unité monétaire perdra près de 80 % de sa valeur initiale. Le taux d'intérêt devient la seule façon de réunir le passé et l'avenir. Ce taux peut varier selon la demande de liquidité pour telle ou telle période.

Le taux d'intérêt traduit la préférence des agents économiques pour un besoin de liquidité immédiate ; tout délai supposera une compensation monétaire de la forme $(1 + i)^1$ pour une année (ou un trimestre ou un mois) et $(1 + i)^2$ pour deux années jusqu'à $V_0 (1 + i)^n$ pour x années (où V_0 est la valeur de la première période). Au contraire, la perte de valeur de l'unité monétaire s'exprimera par la formule :

$$V_0 = \frac{1}{(1 + i)^n} \cdot$$

Ainsi, 100 dollars disponibles dans dix ans, en supposant un taux, d'inflation de 10 %, ne vaudront plus que :

$$100 \times \frac{1}{(1 + 0,10)^{10}} = 38,55 \ \$$$

ou il faudra calculer : $100 \times (1 + 0,10)^{10} = 259,37 \ \$$ pour avoir le même pouvoir d'achat que dix années auparavant.

Dans l'étude de la rentabilité des investissements, il faut donc considérer un ensemble d'éléments :

a) l'investissement initial (I) ;

b) la durée de vie de l'investissement (n) ;

c) les flux financiers pour chacune des périodes (F) ;

d) le taux de capitalisation ou d'actualisation (T).

LES CRITÈRES EMPIRIQUES

Il existe plusieurs critères empiriques pour évaluer la rentabilité. La lecture de ces critères doit se faire en fonction des normes de l'industrie ou par la comparaison entre plusieurs projets d'investissement. *Le temps de récupération* est une mesure simple permettant de calculer le nombre d'années nécessaires pour que les flux financiers du projet soient égaux ou supérieurs à l'investissement initial. Les flux financiers (cash-flow) étant le résultat de la différence entre les recettes et les coûts.

Ce délai de récupération est illustré dans le tableau 26.

*T*ableau 26

LE TEMPS DE RÉCUPÉRATION D'UN INVESTISSEMENT TOURISTIQUE, EN MILLIONS DE DOLLARS (OÙ *I* = 50 MILLIONS DE DOLLARS)

1	2	3	4	5
Années	Coûts (C)	Recettes (R)	Flux financiers (FF)	Flux financiers cumulés (FFC)
0	50		−50	−50
1	8	26	18	−32
2	8	26	18	−14
3	8	26	18	+4
4	8	26	18	+22
5	8	26	18	+40
6	8	26	18	+58

Dans les colonnes 2 et 3, nous avons les coûts et les recettes ; dans la colonne 4, les flux financiers et, dans la colonne 5, les flux financiers cumulés. Le temps de récupération va se calculer par la formule suivante :

$$TR = \frac{I}{FF} \; ;$$

ici, nous avons donc $TR = \dfrac{50}{18} = 2,8$ années.

L'entreprise peut décider si ce temps est suffisant ou trop long ; il peut aussi servir à comparer des projets d'investissements, si plusieurs projets sont proposés, et à aider au processus de décision.

Le taux de rentabilité simple est le rapport entre le bénéfice net d'une année moyenne et l'investissement initial du projet (il s'agit des flux financiers après la déduction de l'amortissement, des intérêts et des impôts). *Le taux de rentabilité simple* correspond à la formule :

$$\text{TRS} = \frac{\text{FF}}{\text{I}} \times 100.$$

Admettons qu'un nouveau projet suppose un investissement de 600 000 \$ et que les flux financiers moyens soient de 65 000 \$, on aura donc :

$$\frac{65\,000\ \$ \times 100}{600\,000} = 10{,}83\,\%.$$

Les mêmes règles de lecture que la mesure du temps de récupération s'appliquent ici.

Ces mesures sont simples mais nécessairement limitées ; elles ne tiennent pas compte de l'érosion monétaire (perte du pouvoir d'achat) liée à la durée de vie du projet. L'utilisation des années moyennes ou des années de référence peut aussi poser certains problèmes dans le calcul. Ce sont des mesures statiques qui peuvent convenir pour des petits projets (faible investissement de courte durée) ou quand le temps nécessaire à la prise de décision est très réduit.

LA VALEUR ACTUELLE NETTE (VAN)

La valeur actuelle nette, ou l'actualisation des prix financiers, consiste à traduire les valeurs futures d'un projet en valeurs actuelles. Ainsi, « le cash-flow actualisé est la somme des valeurs actuelles des cash-flows de l'investissement, pendant toute la durée de vie[99] ». Cette approche correspond à une certaine dépréciation du futur par rapport au présent. L'actualisation permet la comparaison des flux financiers, même pour des périodes très lointaines.

Ainsi, la formule d'actualisation, comme on l'a vu, s'écrira :

$$V_0 \times \frac{1}{(1 + t)^n} = \text{VA}\,;$$

---

99.   H. Thiriez, *Initiation au calcul économique*, Dunod, Paris, 1984, p. 46.

on peut aussi écrire :

$$V_0 \times (1 + t)^{-n},$$

où, dans cette formule, « t » correspond à la fois au taux d'actualisation choisi et à la période d'actualisation, « V_0 » est la valeur que l'on veut actualiser et « n » représente la période de temps.

Le calcul des coefficients d'actualisation se fait à partir de la formule citée plus haut ; les différents taux et les années de vie de l'investissement donnent les coefficients qui apparaissent dans des tables où tous les coefficients sont calculés à l'avance. Dans le tableau 27, nous avons les coefficients d'actualisation à 1, 5, 10, 15 et 20 % et pour les années de 1 à 10.

Tableau 27

ÉVOLUTION DES COEFFICIENTS D'ACTUALISATION SELON LE TAUX CHOISI

Années	Taux de 1 %	Taux de 5 %	Taux de 10 %	Taux de 15 %	Taux de 20 %
1	0,9901	0,95238	0,9091	0,8696	0,8333
2	0,9803	0,90703	0,8264	0,7561	0,6944
3	0,97059	0,86384	0,7513	0,6575	0,5787
4	0,96098	0,8227	0,683	0,5718	0,4823
5	0,95147	0,78353	0,6209	0,4972	0,4019
6	0,94205	0,74622	0,5645	0,4323	0,3349
7	0,93272	0,71068	0,5132	0,3759	0,2791
8	0,92348	0,67684	0,4665	0,3269	0,2326
9	0,91434	0,64461	0,4241	0,2843	0,1938
10	0,90529	0,61391	0,3855	0,2472	0,1615

Les coefficients d'actualisation sont calculés d'après la formule énoncée plus haut ; par exemple, pour un taux de 5 % à l'année 10, le coefficient sera : $(1 + 0,05)^{-10} = 0,6139$. Dans la figure 21, on remarque que la valeur des coefficients décline selon le temps et qu'elle est d'autant plus basse que le taux est élevé.

Figure 21

LES COEFFICIENTS D'ACTUALISATION SELON DIVERS TAUX

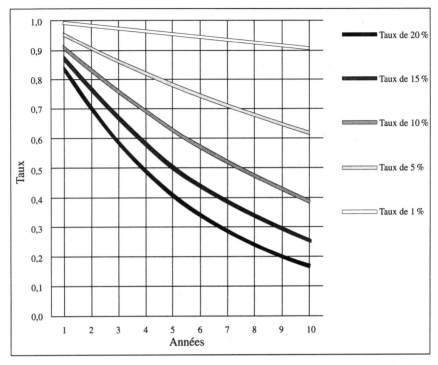

Donnons un exemple concret de calcul de l'actualisation de flux financiers (tableau 28) :

Dans ce tableau, nous avons :

1. les années ;
2. les flux financiers (les recettes moins les coûts) par période ;
3. les coefficients d'actualisation (voir le tableau 27) ;
4. et enfin, la valeur actuelle nette (VAN), qui est égale à 64 360 $ pour un investissement initial de 200 000 $.

Normalement, si la VAN est supérieure à zéro et positive, l'investissement paraît intéressant. Le résultat de la VAN nous montre que l'entreprise qui a fait l'investissement s'enrichirait de 64 600 $ en acceptant le projet en question. Le choix du taux d'actualisation va dépendre, d'une part, des taux d'intérêt sur le marché financier et, d'autre part, du taux de rentabilité des capitaux acceptable pour les dirigeants de l'entreprise. Le choix du taux d'actualisation amènera l'acceptation ou le rejet de certains projets ; il détermine la politique future de l'entreprise pour les nouveaux investissements.

T*ableau 28*

ACTUALISATION DES FLUX FINANCIERS ET VALEUR ACTUELLE NETTE
D'UN PROJET D'INVESTISSEMENT TOURISTIQUE AU TAUX DE 10 %

1	2	3	4
Années	Flux financiers en dollars	Coefficient d'actualisation au taux de 10 %	Valeur actuelle nette (VAN) en dollars
0	−200 000		−200 000
1	50 000	0,9091	45 455
2	60 000	0,8264	49 584
3	70 000	0,7513	52 591
4	80 000	0,6830	54 640
5	100 000	0,6209	62 090
			64 360

LE TAUX DE RENDEMENT INTERNE

Dans certains cas, le choix du taux d'actualisation peut sembler arbitraire, c'est pourquoi beaucoup d'entreprises préfèrent utiliser le taux de rendement interne (TRI) ou taux de rentabilité interne. Le TRI « utilise l'actualisation, mais évite le problème du choix et de la justification d'un taux d'actualisation particulier[100] ».

Le TRI correspond au taux maximum d'actualisation admissible pour un projet ; il est la limite, le seuil de rentabilité où la VAN est égale à zéro. C'est la rentabilité la plus basse acceptable pour un projet donné. À ce niveau, il n'y a ni profit ni perte pour l'entreprise.

Dans le tableau 29, nous verrons les flux actualisés d'un projet touristique de 50 millions de dollars selon différents taux d'actualisation à 10, 11 et 12 %.

La VAN est de 2,09 millions (2 090 000 $) pour un taux d'actualisation de 10 %, de 0,79 million (790 000 $) pour un taux de 11 % et enfin de −0,7 million (−700 000 $) pour un taux de 12 %.

---

100. M. Bridier et S. Michaïlof, *Guide pratique d'analyse de projets*, Économica, Paris, 1980, p. 35.

Tableau 29

RECHERCHE DU TAUX DE RENDEMENT INTERNE D'UN INVESTISSEMENT
TOURISTIQUE DE 50 MILLIONS DE DOLLARS (EN MILLIONS DE DOLLARS)

Années	Flux financiers en dollars	Taux d'actualisation		
		De 10 %	De 11 %	De 12 %
0	−50	−50	−50	−50
1	12	10,9	10,81	10,71
2	12	9,9	9,73	9,56
3	12	9,0	8,77	8,54
4	12	8,19	7,9	7,62
5	12	7,4	7,12	6,8
6	12	6,7	6,46	6,07
VAN		2,09	0,79	−0,7

Pour trouver le taux de rendement interne, il faut appliquer la formule suivante[101] :

$$TRI = T1 + \frac{VP\,(T2 - T1)}{VP - VN},$$

où :

T1 = taux d'actualisation le plus faible ;
T2 = taux d'actualisation le plus élevé ;
VP = valeur positive ;
VN = valeur négative.

Le TRI se situe nécessairement (voir tableau 29) entre 11 % et 12 %, donc, ici :

T1 = 11 % ;
T2 = 12 % ;
VP = 0,79 ;
VN = −0,70.

---

101. Voir à ce sujet *Manuel pour l'évaluation de projets industriels*, Nations Unies, New York, 1981, p. 52-53.

Nous aurons donc :

$$TRI = 11 + \frac{0,79\,(12-11)}{0,79 - (-0,70)} = 11,53\,\%.$$

Donc, dans cet exemple, 11,53 % serait le seuil maximum du taux d'intérêt supportable pour le projet analysé. Il permet aussi de comparer différents investissements et de rejeter ceux dont le taux d'actualisation serait supérieur à 11,53 %. Dans tous les cas, il faut accepter un projet dont le TRI est supérieur au coût d'option du capital.

L'INVESTISSEMENT ET LES RISQUES

Certains investissements touristiques entraînent des risques particuliers. Ces risques sont souvent liés à la situation politique et sociale de ces pays. Nous savons que le tourisme est très sensible aux fluctuations politiques ; pour la plupart des touristes, vacances et détente coïncident avec un niveau élevé de sécurité.

Ainsi dans les études de faisabilité, pour certains pays, les notions de « risque pays » et de « risque projet » se confondent [102]. Quand le « risque pays » est élevé, il est souvent nécessaire d'inclure dans l'étude de faisabilité, une analyse des conditions politiques et sociales de ces pays. L'étude économique doit donc, quand la situation l'exige, être faite dans un cadre plus large où tous les éléments sont interdépendants.

INTÉRÊT ET LIMITES DES ÉTUDES DE FAISABILITÉ

Les études de faisabilité, on l'a vu, permettent d'explorer toutes les dimensions futures d'un projet et de faire ressortir les éléments déterminants. La plupart de ces approches visent, pour l'entreprise, une certaine maximalisation des profits. Pour un grand nombre d'entreprises, il s'agit, plus simplement, de s'adapter aux changements dans l'économie et la société. Dans ces cas, il est préférable d'avoir des objectifs clairs qui s'inscrivent dans une certaine continuité.

Les entreprises ne sont pas nécessairement condamnées à une forme quantitative de croissance. La politique de croissance peut aussi

---

102. Voir à ce sujet Y. Tinard, *op. cit.*, p. 103-107.

s'exprimer dans des projets qualitatifs qui demandent de faibles investissements. Il peut même arriver que ce type de croissance soit plus rentable économiquement, à long terme, que des projets très lourds au plan financier. Donc, les études de faisabilité pourraient (et devraient) inclure des éléments qualitatifs susceptibles de favoriser une croissance tenant compte de ces deux aspects (le qualitatif et le quantitatif).

En guise de conclusion

Une microéconomie du tourisme en développement

Une microéconomie du tourisme vise à étudier des phénomènes tels que les marchés et les produits touristiques, les coûts et les prix ainsi que la productivité et la rentabilité des entreprises et la faisabilité de nouveaux projets.

Certains concepts de la microéconomie s'appliquent assez bien au domaine du tourisme, d'autres concepts sont plus difficiles à utiliser. La plupart de ces notions ont été forgées dans l'analyse des secteurs industriels, leur utilisation au secteur des biens et services touristiques demande une certaine période d'adaptation.

Dans la plupart des cas, l'approche marginaliste pose des problèmes spécifiques : les notions d'utilité marginale, de productivité marginale et de rendement d'échelle ne rendent pas bien compte de la situation de consommation et de production des entreprises de services.

De la même façon, les objectifs des entreprises touristiques sont souvent très éloignés de la stricte maximalisation des profits. Beaucoup d'entreprises touristiques valorisent une certaine continuité dans les objectifs et non la recherche d'un hypothétique point optimalisé. Les observations d'une microéconomie appliquée indiquent qu'il est préférable de s'orienter vers une croissance du chiffre d'affaires qui tienne compte de la viabilité de l'entreprise à moyen terme et à long terme.

Malgré tout, certains problèmes sont plus importants que d'autres pour la microéconomie du tourisme ; mentionnons, par exemple, celui de la productivité. L'étude de la productivité pour les entreprises touristiques est une question vitale pour le développement de l'industrie ; elle suppose une meilleure connaissance des fonctions remplies par les employés (en dehors de l'hôtellerie et de la restauration) ; elle demande une plus grande formalisation pour en arriver à une image plus nette des coûts et à une gestion plus efficace des ressources humaines.

Dans l'ensemble, une microéconomie du tourisme doit mieux coller aux problèmes et aux besoins de l'industrie touristique. Les modèles « classiques » de l'économie générale doivent être plus raffinés et plus réalistes et s'alimenter à une observation directe de la vie des entreprises. Ces modèles doivent avoir une vocation scientifique et pédagogique : « les modèles économiques doivent être conçus pour s'adapter à tout instant à une expertise en constante évolution : ils sont des outils d'apprentissage plutôt qu'ils ne visent à geler l'apprentissage [103] ».

---

103. P. Lorino, *op. cit.*, p. 208.

Bibliographie

ADAM, D. (1958), *Les réactions du consommateur devant les prix*, Paris, SEDES.

AMARÉ, M.-F. (1989), *Économie : l'enjeu touristique et hôtelier*, Paris, Éditions Jacques Lanore.

ANDERSON, L. et R. SETTLE (1990), *Analyse coûts-avantages*, Québec, Presses de l'Université du Québec.

AUGÉ, M. (1992), *Non-lieux*, Paris, Seuil.

AWH, R. (1976), *Microeconomics*, New York, John Wiley and Sons.

BADE, M., M. PARKIN et L. PHANEUF (1992), *Introduction à la microéconomie moderne*, Montréal, Éditions ERPI.

BARETJE, R. (1968), *La demande touristique*, Aix-en-Provence, Faculté de droit et des sciences économiques, Université d'Aix-Marseille.

BARETJE, R. et P. DEFERT (1972), *Aspects économiques du tourisme*, Paris, Berger-Levrault.

BARRAS, C. (1987), *Le développement régional à motricité touristique*, Fribourg, Éditions universitaires de l'Université de Fribourg.

BÉAUD, M. et G. DOSTALER (1993), *La pensée économique depuis Keynes*, Paris, Seuil.

BERGER, G. (1970), *Phénoménologie de la prospective*, Paris, PUF.

BESANCENOT, J.-P. (1990), *Climat et tourisme*, Paris, Masson.

BODSON, P., J. STAFFORD (1988), *Le paradigme économique en tourisme*, Montréal, revue Téoros, vol. 7, n° 3, Université du Québec à Montréal.

BONCŒUR, J. et H. THOUEMENT (1992), *Histoire des idées économiques*, Paris, Nathan.

BRIDIER, M. et S. MICHAÏLOF (1980), *Guide pratique d'analyse de projets*, Paris, Économica.

CATHELAT, B. (1990), *Socio-styles-systèmes : les styles de vie : théorie, méthodes et applications*, Paris, Éditions d'Organisation.

COLBERT, F. (1990), *Gestion du marketing*, Québec, Gaëtan Morin.

COLBERT, F. et R. CÔTÉ (1990), *La localisation commerciale*, Québec, Gaëtan Morin.

CRENER, A., J. DOUTRIAUX, P. LAURENT et B. LÉVY (1989), *L'entreprise : économie et gestion*, Québec, Gaëtan Morin.

DAYAN, A. (1985), *Marketing*, Paris, PUF.

DEGON, R. (1991), *Les études marketing : Pourquoi ? Comment ?*, Paris, Éditions d'Organisation.

DEMERS, J. (1990), *Le tourisme dans notre économie*, Québec, Institut nord-américain de recherche en tourisme.

DOMINATI, J. (1988), *L'enjeu touristique*, Paris, Économica.

DOMINIQUE, C.R. (1982), *L'économie appliquée en gestion*, Québec, Presses de l'Université Laval.

DUMAS, L. (1986), *Les grandeurs et misères du financement en tourisme*, Montréal, revue Téoros, vol. 5, n° 3, Université du Québec à Montréal.

DUPONT, C. (1974), *Gestion des ressources humaines dans l'industrie touristique : une étude empirique des pratiques innovatrices,* Montréal, Études, matériaux et documents 3, Département d'études urbaines et touristiques, Université du Québec à Montréal.

DURAND, H., P. GOUIRAND et J. SPINDLER (1994), *Économie et politique du tourisme*, Paris, Librairie générale de droit et de jurisprudence.

EMORY, W. et D. COOPER (1991), *Business Research Methods*, Boston, Irwin Inc.

EPPERSON, A. (1986), *Private and Commercial Recreation*, Pennsylvania, Venture Publishing.

FOURASTIÉ, J. (1972), *Les trente glorieuses*, Paris, Fayard.

FOURASTIÉ, J. (1978), *La réalité économique*, Paris, Robert Laffont.

FOURASTIÉ, J. (1984), *Pourquoi les prix baissent ?*, Paris, Hachette.

GADREY, J. (1992), *L'économie des services*, Paris, Éditions La Découverte.

GAY-PARA, G. (1985), *La pratique du tourisme*, Paris, Économica.

GODET, M. (1991), *L'avenir autrement*, Paris, Armand Colin.

GOFFIN, R. (1979), *Analyse microéconomique*, Paris, Dalloz.

GREFFE, X. (1990), *La valeur économique du patrimoine*, Paris, Anthropos.

GUERRIEN, B. (1989), *La théorie néo-classique*, Économica, Paris.

GUIBILATO, G. (1983), *Économie du tourisme*, Denges, Éditions Delta-Spes.

JOUVENEL, B. (1972), *L'art de la conjecture*, Paris.

LANQUAR, R. (1983), *L'économie du tourisme*, Paris, PUF, Que sais-je ? n° 2065.

LAUNOIS, S. (1975), *Analyse économique des coûts et prix de revient*, Paris, PUF.

LEGOFF, J.-P. (1993), *Économie managériale*, Québec, Presses de l'Université du Québec.

LEROUX, F. (1980), *Introduction à l'économie de l'entreprise*, Québec, Gaëtan Morin.

LIPSEY, R., D.D. PURVIS et P.O. STEINER (1988), *Microéconomie*, Québec, Gaëtan Morin.

LORINO, P. (1989), *L'économiste et le manageur*, Paris, Éditions La Découverte.

LOZATO-GIOTARD (1990), *Méditerranée et tourisme*, Paris, Masson.

LUZI, A. (1990), *Microéconomie : initiation pratique*, Paris, Hachette.

MacCANNELL, D. (1976), *The Tourist. A New Theory of the Leisure Class*, New York, Schocken Books.

MATHIESON, A. et G. WALL (1982), *Tourism : Economic, Physical and Social Impacts*, London, Longman.

MÉNARD, C. (1990), *L'économie des organisations*, Paris, Éditions La Découverte.

MICHAUD, J.-L. (1992), *Tourisme. Chance pour l'économie, risque pour les sociétés*, Paris, PUF.

O'SHAUGHNESSY (1992), *La faisabilité de projet*, Québec, Éditions SMG.

PARENTEAU, A. (1987), *Marketing pratique en hôtellerie, restauration, tourisme*, Paris, Éditions Jacques Lanore.

PASQUALINO, J.-P. et B. JACQUOT (1989), *Tourisme : organisation, économie et action touristiques*, Paris, Dunod.

PY, P. (1986), *Le tourisme : phénomène économique*, Notes et études documentaires n° 4811, Paris, La Documentation française.

ROTILLON, G. (1992), *Introduction à la microéconomie*, Paris, Éditions La Découverte.

RYAN, C. (1991), *Recreational Tourism. A Social Service Perspective*, London, Routledge.

SCHULMEISTER, S. (1979), *Tourism and the Business Cycle*, Vienne, Austrian Institute for Economic Research.

SIGAUD, J. (1989), *Hôteliers-restaurateurs : les principes d'une bonne gestion*, Paris, Éditions d'Organisation.

SMITH, S. (1989), *Tourism Analysis*, London, Longman.

STAFFORD, J. *et al.* (1988), *Économie du tourisme,* Montréal, revue Téoros, vol. 7, n° 3, Université du Québec à Montréal.

STAVRAKIS, D. (1979), *Le phénomène touristique international*, Paris, Éditions d'Aujourd'hui.

THIRIEZ, H. (1984), *Initiation au calcul économique*, Paris, Dunod.

TINARD, Y. (1992), *Le tourisme, économie et management*, Paris, McGraw-Hill.

TOCKER, G. et M. ZINS (1987), *Le marketing touristique*, Montréal, Gaëtan Morin.

TREMBLAY, P. (1988), *Les modèles de demande en économie de marketing, une exploration interdisciplinaire*, Montréal, revue Téoros, vol. 7, n° 3, Université du Québec à Montréal.

TROTTIER, L. (1992), *Pour un nouveau cadre de l'analyse du tourisme : la culture post-moderne*, Montréal, Université du Québec à Montréal, thèse de M.A. en sociologie.

URBAIN, J.-D. (1991), *L'idiot du voyage*, Paris, Plon.

VELLAS, F. (1992), *Le tourisme*, Paris, Économica.

VIARD, J. (1984), *Penser les vacances*, Paris, Actes-Sud.

WALSH, R. (1986), *Recreation Economic Decision : Comparing Benefits and Costs*, Pennsylvania, Venture Publishing.

WITT, S. et C. WITT (1992), *Modeling and Forecasting Demand in Tourism*, New York, Academic Press.

• Cap-Saint-Ignace
• Sainte-Marie (Beauce)
Québec, Canada
1996

«L'IMPRIMEUR»